QIYE WENHUA
BENYUAN TANJIU

企业文化本源探究

岳晨光 / 著

企业管理出版社
EMPH ENTERPRISE MANAGEMENT PUBLISHING HOUSE

图书在版编目（CIP）数据

企业文化本源探究 / 岳晨光著 . -- 北京 : 企业管理出版社 , 2023.3（2023.7 重印）

ISBN 978-7-5164-2813-9

Ⅰ . ①企… Ⅱ . ①岳… Ⅲ . ①企业文化—研究 Ⅳ . ① F272-05

中国国家版本馆 CIP 数据核字（2023）第 008664 号

书　　名: 企业文化本源探究

书　　号: ISBN 978-7-5164-2813-9

作　　者: 岳晨光

责任编辑: 刘玉双

出版发行: 企业管理出版社

经　　销: 新华书店

地　　址: 北京市海淀区紫竹院南路17号　　**邮　　编:** 100048

网　　址: http://www.emph.cn　　**电子信箱:** metcl@126.com

电　　话: 编辑部（010）68701661　发行部（010）68701816

印　　刷: 北京虎彩文化传播有限公司

版　　次: 2023年3月第1版

印　　次: 2023年7月第2次印刷

开　　本: 700毫米×1000毫米　1/16

印　　张: 10.5印张

字　　数: 130千字

定　　价: 58.00元

FOREWARD

序 言

人类因梦想而伟大，企业因文化而繁荣。

数字时代，企业文化作为企业发展的软实力，其重要性已经被越来越多的企业管理者所深刻认识。

在一家重视企业文化建设的企业中，全体内部成员会经历自我效能提升以及以目标为导向的团队效能提升，并由此形成良性循环、文化积淀，最终，企业文化服务于企业战略，成为战略实现的手段。同时，优秀的文化还能以先导功能引领战略。

奥地利经济学家熊彼特在其知名的创新理论中提出，创新就是要“建立一种新的生产函数”，即“生产要素的重新组合”，就是要把一种从来没有的关于生产要素和生产条件的“新组合”引入生产体系中去，以实现对生产要素或生产条件的“新组合”。企业文化建设完全可以通过组织机制的改革和文化氛围的创设，形成一种组织创新，并进而“建立一种新的生产函数”，带动企业创新发展。

与市面上关于企业文化的图书不同的是，本书并不讲解深奥的管理学理论，也不单纯地介绍企业文化方面的系统知识，而是从现实生活以及企业实践中找到与企业文化相关的概念和话题，进而阐述企业文化概念的内涵、结构的逻辑性以及精神激励的重要性。

市场活则经济活，企业强则国家强。企业是国民经济的细胞，是最重要的市场主体，在社会经济活动中发挥着顶梁柱的作用。在中华民族伟大复兴进程中，希望每家企业都能建设有自身特色的优秀的企业文化，也希望本书能在这一事业中贡献绵薄之力。

岳晨光

2022 年 12 月

CONTENTS

目　录

上篇　精神、意识与企业外部适应、内部整合

中篇　企业文化的本质与框架

下篇　激活你的团队

上　篇

精神、意识与企业
外部适应、内部整合

衡量组织文化最有效、最实用的模型之一是由瑞士洛桑国际管理学院（IMD）的著名教授丹尼尔·丹尼森（Daniel Denison）创建的丹尼森组织文化模型。丹尼森认为理想企业文化有四大特征：外部适应性、内部整合性、灵活性、稳定性。

而所有企业在发展过程中，有两件事情必须处理，一是外部适应，二是内部整合。本篇我们从外部适应和内部整合两个角度，梳理企业文化理论中几个重要的概念。

第1章 / CHAPTER ONE

精神、意识与企业外部适应

第1节

文化、精神与意识的概念

依据《现代汉语词典》的解释：文化是指人类在社会历史发展过程中所创造的物质财富和精神财富的总和，特指精神财富，如文学、艺术、教育、科学等；精神是指人的意识、思维活动和一般心理状态。

马克思主义哲学使人们懂得物质第一性，即物质决定意识，而意识是人脑对客观世界的反映，具有主观能动性，可以反作用于物质。

精神与意识两个概念含义不同，其所指更有不同的侧重。它们与企业文化的概念之间存在什么样的关联性？我们来看一个关于麦当劳的案例。

【案例】

关于麦当劳消费的调查

一位著名的管理学家曾在一个会议上对上百位参会人员做现场调查，他问：“您或您的家人到麦当劳消费的原因是什么？”（每人只说一个原因。）结果如图1所示。

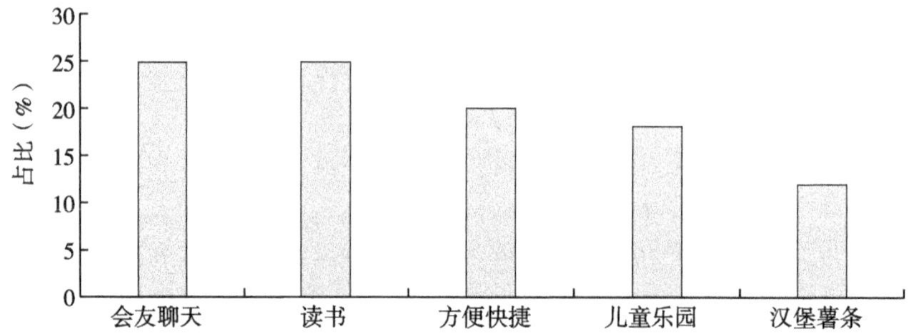

图1　顾客选择麦当劳的原因

由调查结果得知，大多数人选择麦当劳的首要原因并非选择汉堡、薯条等特色食品，而是看中了它的方便快捷或把它当成会友聊天、读书或放松心情的好场所。仅有12%的受访人明确表示自己选择麦当劳就是为了汉堡等食品。

在另一个会场的调查中，由于人数相对较少，结果让人更为惊讶，几乎找不出几个人明确表示自己仅仅是为了汉堡而去麦当劳消费。一位二十多岁的年轻人直接回答，自己每次约会肯定约对方在麦当劳见面。

问题随之而来，很多顾客认可麦当劳的环境氛围，难道坐在里面不消费吗？当然不是！

以上调查结果说明，有不少顾客的消费行为可归因为对店内环境氛围的一种反应，属于顾客的心理活动，符合意识的概念，而顾客在店内的心理状态则符合精神的定义。

精神与意识两个概念有不同的侧重，通过生活中的很多例子都可以看得出来。

很多企业在颁发年终奖或绩效奖金时会举办一个隆重的仪式，并在全体员工面前将现金直接发给获奖员工。这样的激励方式产生的效果比没有仪式而仅将奖金打入个人账号要好很多（见图2）。

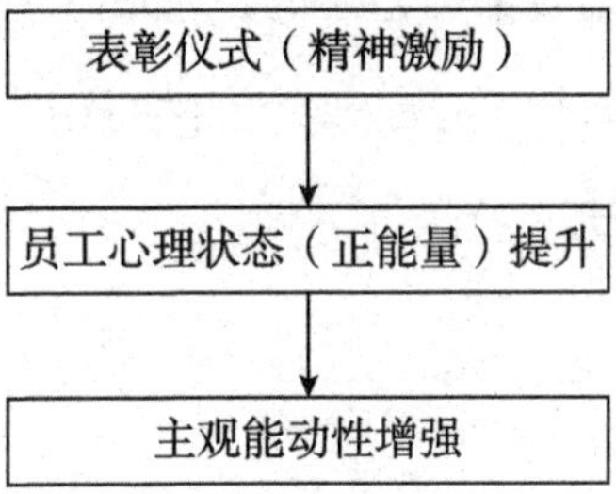

图2　精神奖励的结果

正所谓心态决定一切，人在精神层面获得正能量（激动、兴奋等健康向上的情感）后主观能动性会增强。如果能完全领悟此道理，人们就可以在生活中充满智慧地灵活处理很多事情。

第2节

精神、意识与销售创新

人们在谈到销售技巧或销售方法时，能联想到的无非是灵活运用销售话术或给予客户一流服务等。这些技巧当然可用，但仅仅拥有这些技巧还难以达到销售高手的境界。

【案例】

李嘉诚卖洒水器的故事

李嘉诚的名字可谓家喻户晓，从打工的时候起，他就是一个寻找方法解决问题的高手。

李嘉诚的父亲是教师，他非常希望李嘉诚能考上名牌大学。然而，随着父亲的突然去世，这个梦想也随之破灭。家庭重担全部落到了十几岁的李嘉诚身上，他不得不靠打工来维持整个家庭的生存。

他先是在茶楼做跑堂的伙计，后来应聘到一家企业当推销员。当推销员需要四处奔波，这一点儿也难不倒他，以前在茶楼成天跑前跑后，早就练就了一副好脚板。可最重要的，还是千方百计把产品推销出去。

有一次，李嘉诚推销一种塑料洒水器，连走了好几家都无人问津。一上午过去了，一点儿收获都没有，如果下午依然毫无进展，回去必然无法向老板交代。

尽管推销得不顺利，他还是不停地给自己打气，精神抖擞地走进了另一栋办公楼。他看到楼道上灰尘很多，灵机一动，没有直接去推销产品，而是来到洗手间，往洒水器中装满水，打扫起楼道来。经他打扫，原来很脏的楼道彻底变了模样。这一变化立刻引起了办公楼相关管理人员的兴趣，一个下午，他卖掉了十多台洒水器。

李嘉诚这次推销为什么成功了呢？原因在于他把握了人性。要让客户动心，就必须掌握他们如何受到影响的规律：听别人说好，不如看到怎样好；看到怎样好，不如使用起来好。产品的性能指标再好，哪能比得上亲自示范，让客户看到使用后的效果呢？

以上故事中，看得见的产品价值使客户的心态发生了改变，随后客户的购买行为是在心态变化后自然而然产生的。

同样的营销案例并不少见。多年前，一家培训机构自成立以后始终业绩平平，老板一筹莫展。后来，一位营销高手的帮助使事情迎来转机。他提出的销售模式是由客户先付学费转变为先派出优秀老师免费为意向客户上门培训一次。结果很多客户认可了老师后，甚至不再要求查看老师的资质证明，便决定购买该机构的服务。

可能有人会问，既然人在心理状态提升后可以产生更加积极的心理活动，那么，情绪提升到一个类似于极值的水平会有多大效果？那根本无法量化啊！

其实也未必！同样以营销为例，哪些产品会让人们在见到效果后，情绪状态提高到“极值水平”呢？若要让消费者达到无比兴奋的精神状态，那么消费的产品大多应该与人生大事相关了。

【案例】

婚纱照的营销模式

与心爱之人步入婚姻殿堂是一个人一生中无比激动和难忘的时刻，美丽的婚纱照也是一种爱的见证，然而，你了解婚纱照的营销模式吗？

以A摄影公司为例，其拥有多位优秀摄影师，每套婚纱照拍摄服务价格3000元，含有30张照片，客户要在正式拍照之前缴纳全部费用。若干天过后在客户领取照片的时候，商家信守承诺，允许顾客在远远超过30张的照片之中选取30张。但如果客户在这30张之外还想多要照片，则需要另外付钱，每张100元。

A公司老板曾公开表示，客户在首次付款时一般都是支付3000元，但在看到照片后，超过九成的客户都会为了30张照片以外的照片买单，最终，平均每位客户的消费额在8000元左右。

老板的话一定不是假话，毕竟见到自己与爱人最美好的“精神产品”，谁会忍心看到其流失呢？

试想，如果老板调整营销模式，在拍照之前告知客户每张100元，且最少拍80张也就是消费8000元才能成交，那么，A公司还会拥有相同数量的客户吗？

通常情况下，心理状态是构成心理活动的背景，心理活动的认知、情感、意志并不相互孤立，而是统一存在，伴随情感的变化，意志活动也会相应地发生变化。

我们再用移动支付的发展这一社会现象来说明这个道理。移动支付自诞生以来就呈现了迅猛发展的态势。据相关报道，2015年年底，在我国，移动支付用户数量达到3.64亿，相比于2014年增长了23.8%。2013年，移动支付的交易规模超13010亿元，发展迅猛，比2012年增长达800.3%；第三方互联网支付市场也迅速增长，突破59666亿元，相比2012年增长56.9%。中国银联的一项调查显示，2021年，一线城市受访人群月消费总额中，移动支付的占比大约是8成，月均消费金额超过5300元；经济体量为中小规模的五线城市受访人群月消费总额中，移动支付的占比超过9成，月均消费金额约3200元。

提到移动支付发展迅猛的原因，人们都会想到安全、快捷、方便、人性化等，其实，在这些原因的背后，还存在被人们忽视的其他重要原因——移动支付在为人们带来方便的同时，还可以让消费者不必像过去那样眼看着属于自己的金钱被转交给卖方。

第2章 / CHAPTER TWO

精神、意识与企业内部整合

1 第节

需求层次论的精神需求范畴

第1章列举的销售案例或人际关系沟通技巧表明了人的心理活动规律，说明了精神、意识、主观能动性之间的一致性。那么，人的精神需求都有哪些？就李嘉诚卖洒水器的故事来说，是否可以理解为管理办公楼的物业人员满足了精神需求后产生了购买产品的动机？

图3所示为马斯洛需求层次论，仔细分析，哪些需求属于人的精神需求？

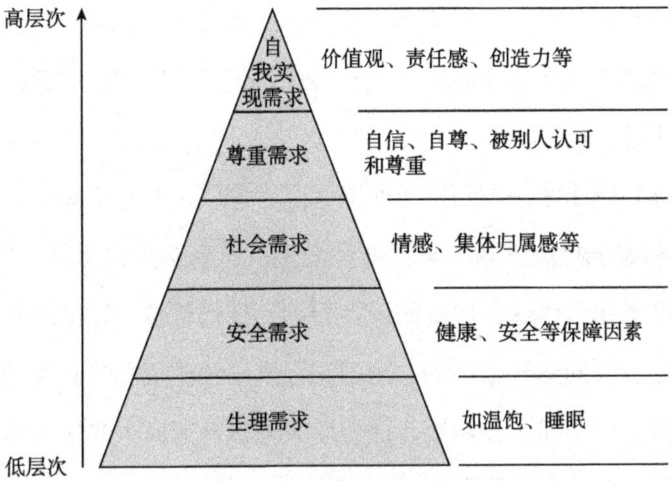

图3　马斯洛需求层次论

由图3可知，人的高层次需求包括社会需求、尊重需求、自我实现需求等多个层次，这些层次的需求属于精神需求，安全需求中的健康保障等因素同样包含精神要素，只有低层次的生理需求属于基本物质需求。

通常来讲，人只有在低层次需求得到满足后，才会有高层次需求，低层次需求没有完全实现之前，较高层次的需求以潜意识状态存在于人的心理世界。

我们可以这样说，人在仅仅能满足生理需求的时候，生活水平仅是温饱水平，安全需求、社会需求被满足后就达到了小康水平，如果高层次的尊重需求和自我实现需求也能实现，生活水平已至少处于中等收入水平以上的层次。

有这样一个例子，一个水瓶在空瓶状态时，首先可以放进一根树枝，继而可以放入石子，石子放完后还可以放进细沙，直至瓶子装满。但如果将放入的东西全部倒空，想改变顺序，先放石子或细沙，后放树枝，就会发现树枝已经无法放入。这里的水瓶好比正常人的需求，树枝好比马斯洛需求中的低层次需求，如果脱离这一层次，较高层次需求的满足还无法进入人们的生活。

精神需求由于覆盖层面广泛而渗透到管理领域的方方面面。不少人认为薪酬福利属于物质需求，与精神层面无关。事实是这样吗？对内公平、对外有竞争力是合理薪酬模式的设计原则。任何单位，无论职务属于哪个等级的员工，其对这一原则的心理感知已属于精神层面的心理活动。高薪不仅能满足员工自身多种需要，还可以大幅提升其家人的生活质量，同时带来更多精神需求上的满足感。

第2节

精神、意识与人际沟通

人的心理活动规律在人际沟通中同样适用。微笑是人们与人交往时的一张亮丽名片，可以拉近人与人的情感距离，提升情绪状态，这个道理每个人都懂。但除此之外，还有更深层次的交往秘诀：无论是正式沟通还是非正式沟通，谈话时务必结合对方的职位选择沟通的话题。如果能做好这一点，也就实现了洞悉人心。

心理学上有一种社会系统理论认为，人们在交往和互动时，彼此之间会产生一定的感情，交往越多，感情越深，而感情越深，交往也会越多，从而形成一种良性循环。这也从另一个角度反映了精神、意识与人际沟通的紧密联系。

“屁股决定脑袋”，高层领导最关注企业持续发展，中层管理者一般只关注提升团队的绩效，而基层员工更多关注的是自身福利待遇。在人力资源管理中，提升员工绩效需要上下级之间形成沟通机制作为保障，沟通机制应用于绩效计划、辅导、反馈面谈。在沟通过程中，当事人若能站在对方的角度，尊重对方的观点，提一些积极的意见，双方会很快拉近心灵距离并且收获喜悦的心情。

就企业来说，沟通在企业内部无处不在、无时不有，因此，沟通、协调机制是必须重视的内部建设的一部分，建设良好的企业文化对于形成企业内部高效的沟通和协作模式至关重要。

企业管理者应该真正地理解精神、意识的概念，将其运用于内部沟通机制的建立与健全上，改善员工日常沟通和上下级之间的沟通效率，以提升企业整体效能。

第3节

相关案例与分析

关于马斯洛需求层次理论及人的精神需求，笔者通过两个典型案例做进一步的分析。

X集团实行半军事化管理制度，并曾发生员工自杀事件，为此，当地的总工会曾表态希望X集团建立起注重人文关怀的管理体制。除了发生过跳楼事件，X集团还出现过工人因为嫌加班少而罢工的事件。2014年，重庆X集团员工在沙坪坝西永保税区海关门口集结，罢工抗议。工人每个人的基本工资是两千元，如果加班，可以拿到三四千元，尽管加班辛苦，可是为了增加收入，工人心甘情愿付出劳动。但是，X集团不断通过IE（工业工程）优化，迫使工人成为精准化操作的“机器人”，通过提高效率来减少加班时长，达到降低成本的目的。对于这些工人来讲，减少加班等于减少工资。

与X集团罢工事件类似，Y航空公司（以下简称“Y航”）发生过飞行员集体返航事件。2008年的一天，Y航云南分公司从昆明飞往大理、丽江、西双版纳、芒市、思茅和临沧六地的共14个航班返航，飞机飞到目的地上空后，向乘客告知无法降落，又都飞回昆明，这导致昆明机场更多的航班延误。Y航给出的解释是“因天气原因”，但同一天飞往上述地区的其他航空公司航班则正常降落。事后多家媒体报道，该事件背后有“人为因素”——飞行员认为薪酬制度不公平。

这两个案例中，X集团员工罢工是因为公司加班少导致工资水平降低，他们甚至打出横幅写着“我们要吃饭养家”之类的标语。Y航的事件与X集团事件有所不同，飞行员感受到的是薪酬分配上的不公。

上述两个案例中，员工的消极行为背后的原因是不同的。我们依据马斯洛需求层次论，可以在每个案例中发现是人的哪个层次需求未被满足。两个案例也存在共性，当地总工会曾表态希望X集团建立起重视人文关怀的管理体制，说明X集团对基层员工缺乏人文关怀；据部分媒体报道，Y航事件发生之前，有飞行员认为自己没有在工作中得到足够的尊重。两家企业都存在员工精神层面需求没有得到满足的问题。

第4节

薪酬与绩效的本质

一般情况下，人的一切心理活动都是在心理状态背景下展开的，而心理状态既是心理活动在一定时间内的完整特征，也是心理过程和个性心理特征联结的中介。

前述的两个案例中，无论是X集团员工所要争取的加班收入，还是Y航飞行员所不满的薪酬待遇，涉及的都是人力资源管理中的薪酬问题。

薪酬和绩效是人力资源管理领域的两个核心模块。薪酬、绩效的本质是通过外部诱因（绩效管理模式）激发、调动员工的主观能动性，使员工目标与企业战略目标保持一致。主观能动性是自发性内驱力，属于人的心理活动，只要企业将员工的主观能动性激发出来，必然会创造价值。

西方发达国家的很多大型企业采用了以个体绩效薪酬为主的薪酬制度，绩效薪酬制度随着企业管理理念和实践的发展而不断创新。在当前多变的组织环境下，以工作团队为基础，强调参与性、更富弹性的管理模式正展示出强大的生命力。

薪酬、绩效都与员工的利益直接挂钩，但所有的企业管理者都应该认识到，薪酬考核的最终目的并不是单纯地进行利益分配，而是促进企业与员工的共同成长。

一般来说，薪酬、绩效考核将中长期的目标分解成年度、季度、月度指标，不断督促员工实现一个个阶段目标。企业和员工通过每一个节点的考核可以及时发现问题所在，从而解决问题，最后达到双赢。

员工与企业之间是一种相互依存、共生共荣的关系：只有员工不断地为客户创造价值，企业才能可持续发展；而员工只有在企业提供的平台上努力奋斗，才能获得物质与精神回报，并借此实现自我价值。

在经济高速发展的大环境下，市场竞争越来越激烈，企业要想提高市场竞争力，必须要努力优化内部结构，完善绩效薪酬管理体系，结合自身情况合理设计薪酬机制。

SUMMARY

本篇总结

本篇详细阐述了文化、精神、意识三个与企业文化相关的概念，运用麦当劳消费案例调查、李嘉诚的故事、婚纱照的营销模式三个案例揭示了人的心理状态与心理活动之间存在的规律。

心理状态属于“精神”概念范畴，涉及喜悦、激昂、忧愁等多种情绪，而心理活动则主要包含人的认知、情感、意志等。

依据图4，“激昂”位于正能量象限最上方，代表相对高的程度，“抑郁、焦虑”由于已属于精神疾病而位于负能量象限最下方。笔者认为，心理状态兼有暂时性、稳定性双重特征，人在情绪状态提升时（无论是在图4“+”象限内由低程度转为高程度，还是从“-”象限转为“+”象限，抑或是在“-”象限内相对提高）会提升主观能动性，从而更加积极地工作，反之则降低能动性。举例来说，抑郁症病人的基本特征是行动缓慢、自我评价低，这一客观事实与本书观点一致。著名人本主义哲学家、精神分析专家弗洛姆将“态度”一词定义为“带有情感的认知”也是同样的道理。

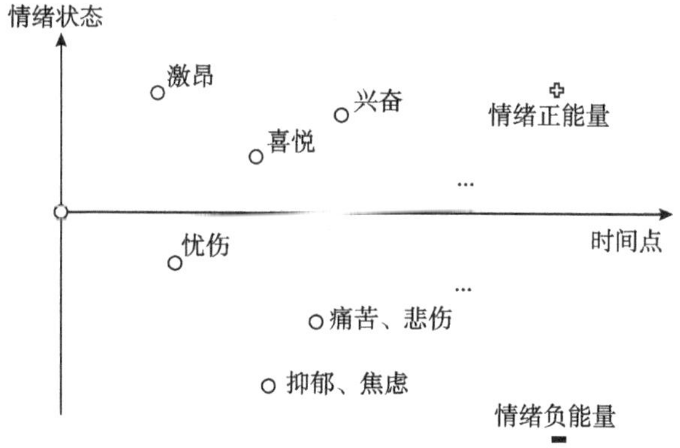

注：此图可用于情绪记录、测量，在一个记录周期中剔除被测量人不存在的情绪状态点，并记录真实状态的时间点即可。

图4　心理状态

图4的正能量区域，总会有责任感、信心、成就感、乐观、果断、勤奋等表达积极心态的词语与之对应；反之，在负能量区域，对应的一般只有抱怨、胆怯、自卑、狭隘、虚荣等表达消极心态的词语。

每个组织都需要活力，当组织成员受到价值观激励时，组织活力就会被创造并释放出来。

组织活力可以用“强度”“质量”两项指标来衡量。强度反映在组织内部成员的情感激发上，与图4“情绪正能量”的区域相对应，心理状态处于这个区域的组织成员一般充满热情并保持着兴奋，他们对组织以及对自身所做的事情充满自豪感，这种积极的生命力会在组织内部有效传播，甚至在全社会传播。从“质量”这一指标来看，组织活力可能是积极的，也可能是消极的。

精神需求的满足可以使人情绪提升。马斯洛需求层次图中，高层次需求属于人的精神需求，低层次需求中人对薪酬水平的心理感知同样属于精神活动。

本篇还未提及“企业文化”的概念，但其属于本书的重要内容。文化力是无形的力量！企业文化强调人在本企业核心价值观引导下的一种能动行为，涉及诸多有关人的心理状态、心理活动以及老板与员工之间的心理契约等的知识。

中　篇

企业文化的本质与框架

20世纪80年代，美国加州大学洛杉矶分校管理学教授威廉·大内（William Ouchi）首次提出“企业文化”的概念时，这一概念便被管理学界广泛关注。威廉·大内的本意绝不是把企业文化要义局限于口号论或员工文娱活动论……

第1章 / CHAPTER ONE

企业文化到底是什么

第1节

企业文化的概念

无论是物质财富还是精神财富，都是人创造出来的，所以文化说到底是人化，有人的地方才有文化。文化不应该离开“文”和“人”，重要的是还要有“化”。所谓“化”暗示了必然会有一个过程。

企业的本质是合理配置各类生产要素进而创造利润，为社会提供产品和服务，同时承担社会责任。企业有发展战略、经营目标，因此企业文化涉及的人与人或人与物的关系必然与企业经营管理相关。

文化力属于软实力。企业文化不是管理方法，而是形成方法的过程与理念；不是上级压制、管控下级，而是全体员工的默契协作与自我驱动；不是人际关系，而是人际关系折射出来的经营哲学；不是工作本身，而是对待工作的情感；不是服务，而是服务中彰显出来的企业精神。

总之，企业文化是企业整体工作氛围中蕴含的软实力。一般来讲，整体工作氛围由人文氛围、环境氛围构成。

从结构角度讲，企业文化包括精神层（企业精神文化）、制度层（企业制度文化）、行为层（企业行为文化）、物质层（企业物质文化）共四层。

所以，企业文化也可以被认为是由以上四个层面共同作用而支撑的工作氛围（如图5所示）。

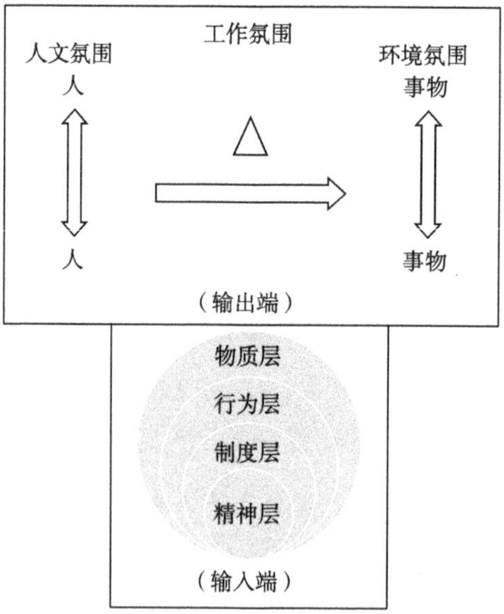

图5　文化智慧人

图5“文化智慧人”所示的整体像一个微笑的机器人，暗示企业文化建设应当以人为本。

第2节

环境氛围和人文氛围

不同的企业有不同的企业文化，而不同的企业文化对应着不同的企业环境氛围。企业环境氛围是指企业通过直观的、外显的环境所反映出来的风格和情调。有些企业的办公环境给人的感受是温馨和放松，而有些企业的办公环境则形成了一种紧张和追求高效的氛围。

一家企业在要求员工做到爱岗敬业的同时，应该营造良好的办公氛围。如果能做到这一点，员工对企业会产生归属感，对企业LOGO充满荣誉感、自豪感并发自内心地为组织奉献。

实物环境包括良好的视听环境、愉悦的体验、优雅的内部装饰、整齐的橱窗陈列、醒目的价值理念标语等。

本书上篇开篇提到的麦当劳消费调查的相关数据表明，多数顾客因为喜欢店内环境氛围而消费，甚至于把消费行为归因于对客体环境的反应。同样，员工对办公环境的反应对工作业绩会产生很大的影响。良好的工作环境既能让员工拥有饱满的工作热情和持续的工作动力，也容易激发出员工的创新灵感；反之，恶劣的环境氛围将会使员工心理状态不活跃、意志消沉，工作起来心不在焉，甚至影响在职状态的稳定性，无论是脑力工作还是体力工作，都是如此。

如今，很多企业对改善办公环境的积极意义都有着越来越深刻的认识。一些相关的研究已证明优美的工作环境提升了员工心理状态，对员工的身心健康以及工作效率提高有明显的积极影响。

总之，员工在良好的环境氛围中提升业绩是文化力的表现形式之一，企业物质文化位于文化结构层次最外层。

人文氛围是指企业团队成员言行举止的传播及其影响，以及人际关系、团队精神。

一家企业只有形成良好的人文氛围，才能形成良好的企业文化。领导者运用激励方法，使团队的创造性和潜力得到激发，成员之间在良好氛围下充分信任、彼此沟通，形成共享的价值观，才能促进企业持续发展。

员工手册、员工行为规范等工具对于企业来说是必不可少的，构成了行为文化的重要内容。但重要并不等同于精髓。文化是一种无形的力量，无形的力量来源于以相互信任为基础的心灵契合或心理契约。

无论是心灵高度契合还是心理契约，它们自身固有的隐性特征决定了各种心理暗示方法运用的有效性。千万不能忽视心理暗示的作用，它所产生的效果非常强大。

第3节

心理暗示

不少人认为企业文化就是老板文化。事实上，企业文化一定是老板发起的，但不能简单地认为企业文化就是老板文化。

老板与员工之间是对立统一的关系，对立性表现在受东方传统文化等因素影响，领导者希望拥有属于自己的“权力距离指数”（尊重及重视权威的程度）。这一指数如果偏高，完全有可能形成对企业的不利影响，只有暗示沟通才能引发上下级之间的心灵共鸣，将不利影响消灭在萌芽之中。

领导与员工之间的心理契约是必不可少的，心理契约没有有形制度、约定作为保障，却依靠心理暗示真实地存在于甲乙双方，它是心灵之间的共鸣，没有等级观念、职位高低、权力距离指数、逆反心理，只有对心理承诺的遵守，最终会促成企业健康发展。

我们来看历史上有名的魏徵刚正敢谏的故事。

有一次，唐太宗根据右仆射封德彝的建议，决定让十八岁以上身体强壮还没有服役过的男子都去当兵，但魏徵不同意。唐太宗问他：“你不同意这样做，有什么理由？”魏徵回答：“臣作为谏议大夫，有义务向陛下指出，这样做违背了治国安民的方针。我朝开国后即立下‘男子二十岁当兵，六十岁可免’的规定，怎么能随便改变呢？”唐太宗非常生气，大声指责道：“你太固执己见！”魏徵毫不畏惧，语重心长地说道：“陛下！把河水放光捕鱼，确实能捕到许多鱼，但明年就没有鱼了；把森林烧了打猎，确实会打到许多猎物，但明年就没有野兽了。如果让十八岁以上身体强壮的男子都去当兵，那今后国家的税赋徭役又由谁来承担呢？”唐太宗这才幡然醒悟，收回了命令。

这个故事中，如果魏徵直言劝说唐太宗，不仅不会带来好的效果，恐怕还会将自己置于不利之处。但是魏徵的沟通方式却改变了局面，对皇帝起到心理暗示的作用，达到了“上级按照下级意思”做决策（收回命令）的结果。

我们都知道，对立统一规律是唯物辩证法的实质和核心，它揭示，无论在什么领域，任何事物内部以及事物之间都包含着矛盾，矛盾双方的对立和统一推动着事物的运动、变化和发展。我们可以举例说明：水的化学式是H_2O，其中氢元素的化合价为+1价，氧元素的化合价为-2价，所以正与负（对立面）化合价总数相等，矛盾双方相互依存，使“水”物质自身统一，成为人类赖以生存和发展的重要物质资源，如果统一性被破坏，“水”物质本体将不复存在。

在现实世界，对立统一规律是普遍存在的。具体到领导与员工之间的对立统一，要使双方能够互相吸引，心理契约是必不可少的。如果平衡被破坏，矛盾性突出将对生产关系产生破坏，阻碍企业正常发展。

我们再来看邹忌讽齐王纳谏的故事。

邹忌是齐国的宰相，他身高八尺有余，相貌俊朗，是一位美男子。

一天，邹忌经过一番精心打扮后，对镜自赏，颇为满意，便分别问他的妻、妾以及求他办事的客人："我与城北的徐公相比究竟谁更美？"城北徐公是齐国有名的美男子，但他的妻、妾、客人却都说："您比徐公更美。"第二天，恰巧徐公前来拜访，邹忌仔细地端详他，觉得自己比不上徐公。徐公走后，他看着镜子里的自己，更是觉得与徐公相差甚远。晚上，他辗转反侧，深入思考，终于得出结论：妻子偏爱他，妾害怕他，而客人有求于他，他们都各自怀有私心，因此都没有说真话。恍然大悟的邹忌以此劝谏齐王广开言路、公开纳谏，齐王采纳了他的建议。燕国、赵国、韩国、魏国听说了这件事，都到齐国来朝见齐王，此所谓"战胜于朝廷"。

依据马斯洛需求层次论，自我实现的需求才是人的最高层次需求。以上故事中，政治开明的国之大治是齐王的自我实现需求，为了实现这一需求，他接受了邹忌的劝谏，做到了广开言路、公开纳谏，从而将一些潜在的矛盾消灭在萌芽状态。

与之形成对比的是，某航空公司领导因为"权力距离指数"较高，员工因此怕说错话，遇到真实情况也只敢用含蓄的语言向领导汇报，这间接导致了一场惨烈的空难事故的发生。

我们再来说说足球比赛中的"赢球不变阵"。

在足球联赛中，资深球迷及足球评论员一般都会注意到"赢球不变阵"的现象，即球队如果在上一场比赛中获胜，下一场主教练通常会排出相同阵型作战，无论是出场队员，还是队员场上站位都不会调整。"赢球不变阵"背后的道理，就是心理暗示。

"知己知彼，百战不殆"出自《孙子兵法·谋攻篇》，意思是对敌人的情况和自己的情况都有透彻的了解，作战就不会失败。依据这一思想，每场比赛具体情况具体分析，结合对手实际情况，有针对性地排兵布阵才是合理的。这是否说明心理暗示的力量已经强大到能超越理性分析呢？

目前，还没有什么相关的研究结论证实心理暗示可以使人不再保持理性，但早有心理学家得出过这样的研究结论，即人在承受精神压力的情况下，做出的决策是趋于保守的。

一支足球队的主教练如果能率队取得好成绩，将得到无数球迷欢呼、队员尊重、上级领导认可，那会是尊重需求与自我实现需求的满足。

那么，在企业人力资源管理中，尤其是在积极向上的人文氛围构建的过程中，有哪些要素可以借鉴呢？

人都有追求高层次需求的动机，因此任何企业都应当有完善的激励机制、培训体系以及明确的职业晋升通道做保障。如果企业能定期为业绩突出的员工提供晋升培训，那么优秀员工将会获得一种“被需要”的心理暗示，人在追求精神需求的过程中往往会接受暗示。

表 1 所示为某企业职能部门的职级体系，此体系中存在“助理—专员—主管—专业经理—部门经理—中心总监—副总裁”这样一个明确的岗位晋升通道。在激励机制的作用下，员工会按照通道路径获得一种职业生涯规划的自我暗示。

值得一提的是，股权激励作为对员工的长期激励模式，可使个人目标与组织目标深度融合，化对立性为统一性。

表1 某企业职能部门的职级体系

	财务部	人力资源部	行政部	采购部	总裁办
副总裁					
中心总监	财务总监	人力行政中心总监			董事长助理
部门经理	财务经理	部门经理	行政经理		办公室主任
专业经理	会计主管	模块经理		专业经理	
主管	会计	模块主管	行政主管	采购主管	总裁助理
专员	出纳	专员	行政专员	采购专员	
助理					

第4节

积分制管理解析

不少企业家都认同文化管理是企业管理的最高境界，但同时也承认自己的企业还停留在制度管人的层面，并没有上升到最高境界。也有人提出心理暗示的力量虽然强大，老板与员工之间也确实存在心理契约现象，但心理暗示无论如何不过是一个现象而已，形不成体系。

凭借心理暗示的力量真的无法构建管理体系吗？答案是否定的。目前，国内已有企业充分利用心理暗示原理创建了积分制管理模式，并实现了快速发展。

那么，这种积分制管理模式是如何运转的呢？

积分制管理是一种颠覆传统的绩效模式，是赋予考核以文化属性的员工激活系统。其在企业绩效管理的基础上，对员工的个人能力、工作和行为通过加分和扣分的形式进行全方位的量化考核，搭配积分软件使用，并与奖金池关联，可最大化地调动员工积极性。

积分制管理能够使企业产生一种强大的向心力和凝聚力，使员工在积分的文化氛围中，通过切身的感受，产生对工作的自豪感和使命感，以及对企业的认同感与归属感，最终使员工将自己的思想、情感、行为与企业的经营联系在一起。

积分制管理使企业内部形成强大的势能，有助于企业引导员工的行为。积分制管理是一种无形的约束机制，控制着企业的经营管理活动，规范、指导着每个员工的行为。

积分制管理回归人性管理，帮助企业解决用金钱不能解决的问题，能够加强人才建设，提高核心竞争力，完善激励制度，降低公司的管理成本，全面提升管理绩效。

李荣在《积分制管理》一书中总结到，在企业的运营管理系统中采用积分制管理模式，对企业的作用是：①能够最大限度地调动员工的积极性；②用加分、扣分驱动制度的执行；③用积分排名打造员工的荣誉感与羞耻心；④用积分辅助绩效考核落地，让员工轻松快乐地接受考核；⑤用积分帮助企业节约管理成本；⑥用积分机制引进和留住企业的关键人才；⑦积分制管理对企业来说简单、容易落地、容易执行；⑧积分终身使用，可以打造员工的忠诚度。

综上所述，积分制管理模式已形成一套员工激活系统，使整体工作氛围焕然一新。员工在积分制管理模式下，表现出明显的情绪状态提升。依据本书上篇的内容，情绪状态提升可以提高主观能动性，人的原动力被激活，以自我驱动替代上级管控。

下面我们来谈谈积分制管理模式与人的心理暗示究竟存在哪些关联。

本书上篇的内容着重强调了马斯洛需求论中人的精神需求，指出高层次需求包括情感、归属感、尊重、价值实现等需求属于精神需要。就实施积分制管理模式的企业来看，员工积分情况与各种福利挂钩、与培训机会挂钩，或积分转干股等多属于精神激励。整体工作氛围因此轻松、快乐，员工在日常工作中就能感受到工作的快乐和充实。由此看来，正因为人有着丰富的精神需要，所以积分制管理就充分利用数字作为免费资源，使之转换为支配需要的“心理暗示调节器”。李荣曾强调，积分制管理能让“吃亏是福”的理念被员工认可。员工在日常工作中的全方位积极主动表现都可获得积分，并且积分用专门软件记录，终身有效。

积分制管理模式是一项非常适用于推动管理创新的重要成果，为管理领域的创新做出了贡献。此模式不仅适合企业管理，在行政机关、事业单位、社会团体及社会治理中也同样具有广阔的应用前景。在企业管理中，积分制管理获得许多企业家、高层管理人员的认同；在社会治理中，不少基层自治组织早已实施党员积分制管理，激励党员的模范带头意识。

如果把积分制管理模式当成标杆，那么学习积分制管理应该学什么？怎么学？是全部照搬，还是取其精髓？事实上，任何对标学习都应该遵循一个重要原则，那就是透过现象看本质，掌握内部规律。当前，绩效管理已越来越被各类企业重视，如果对员工绩效考核的结果以量化的分数形式体现，依据分数高低给予精神激励也就实现了初步模仿。激励内容可以有旅游奖励、奖金福利等；此外，不要忘记表彰仪式，仪式会提升员工对集体的归属感；激励周期不宜过长，可以采取季度激励甚至月度激励的模式，以便及时收获效果。

精神激励是指通过满足员工情感上、精神上的需要，对员工的工作予以肯定、表扬和奖励，通过让员工自豪和满足促使价值观落地，提高企业运营效率。基于本能和思想的动力构成精神激励的基础。

人们在心灵深处需要爱，渴望被人接纳，同时，为了满足学习与发展的内心愿望，员工需要一种挑战的激励。人人都有高层次精神需求，需求能否满足影响了人的决定与行为。

任何一个组织，当员工的思想或行为较好地反映了组织价值观或愿景目标时，企业在情感上应给予员工正向激励，员工往往会更加努力工作，将个人被激发的潜力融入组织发展目标的实现过程中。

积分制管理模式之所以能帮助企业解决金钱不能解决的问题，是因为此方法的本质是“回归人性”，更是组织与个人之间建立的心理契约。在无形的契约中，积分的多少，尤其是积分的增加成为员工被认可的暗示符号，起到强大的心理暗示作用，属于人的内在积极性被激活。

心理契约是美国著名管理心理学家施恩提出的，他认为，心理契约是“个人将有所奉献与组织欲望有所获取之间，以及组织将针对个人期望收获而提供的一种配合”。其意思可以描述为这样一种状态：企业与员工虽然没有通过一纸契约载明彼此的责任和义务，但二者却依然能够找到决策的各自“焦点”，如同有一纸真实的契约加以规范一样。企业了解每个员工的发展期望，并尽量满足之；每一位员工也为企业的发展倾情而尽力地奉献，他们相信企业能实现自己的期望。总之，心理契约是无形的，但真实存在。

企业除应当有完善的激励机制和培训体系之外，还应当摸清员工的职业发展愿望，帮助他们做好职业生涯规划，以使无形的契约发挥更大的作用。

5 第节

自我暗示

心理暗示包括他暗示与自我暗示。他暗示指受到他人暗示或外界暗示，接受他人或外界的愿望、观念、情绪、判断、态度影响自身的心理特点；自我暗示指通过主观想象某种特殊的人或事物的存在来进行自我刺激，达到改变行为和主观经验的目的。通常情况下，他暗示只有转化成自我暗示才会起到作用。

前文中魏徵刚正敢谏的故事以及积分制管理模式的介绍都表明，他暗示最终转化成自我暗示而形成强大心理活动（如图6所示）。

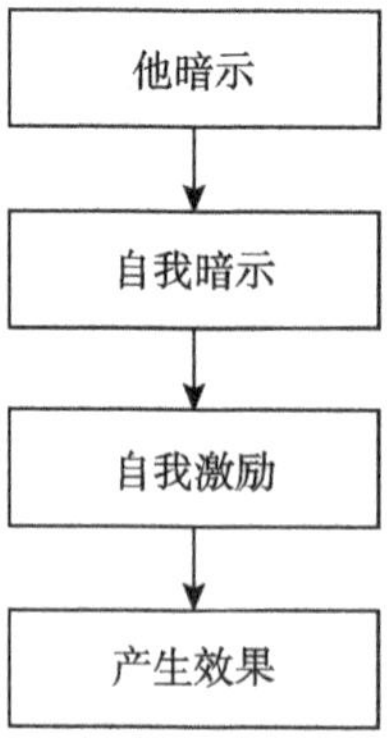

图6　他暗示的转化

从自我暗示到自我激励实际上就是一个由内向外自我积极影响的过程，简言之，就是肯定自我、树立自信心。

话题回到企业人文氛围上，员工的自信心和自我积极影响源自何处？源自积累！

在绩效管理成为长效机制的背景下，员工无论职务高低，从有了工作目标到任务完成，意味着实现心理状态的积极转变（如图7所示）。

能力提升为员工带来自信心的积累、潜能的释放，有助于员工实现真正意义上的成长。

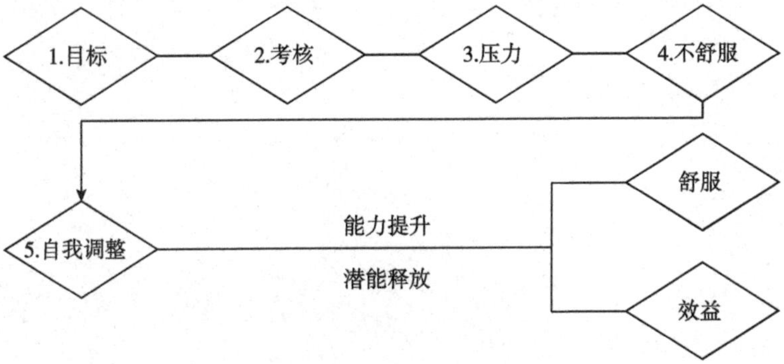

图7　员工心理接受过程

资料来源：李志畴《绩效体系设计与管理实务》。

员工的成长与组织目标实现是一致的，员工在创造业绩的同时收获自信，潜力被挖掘，就会形成积极的自我影响。

如图8所示，心理状态是心理活动的表现形式，同时也是一切心理活动展开的背景。人的自信是一种心理状态，收获自信是心理活动的结果，人在收获自信后又以新的精神状态继续展开心理活动。

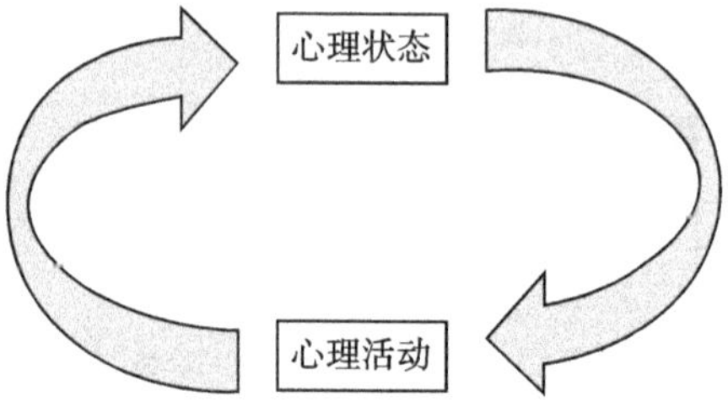

图8　心理状态与心理活动

在一种常态化机制的背景之下，人的心理活动规律会形成良性循环，最终使人以“被激活”的状态存在于组织之中，变上级管控为自我驱动，管理者与被管理者实现双赢。

6 第节

相关管理方法——OKR

1954年，德鲁克在《管理的实践》一书中首先提出了目标管理和自我控制的主张，后来，他又不断深化研究，使这一主张获得发展。他认为，企业的目的和任务，必须化为目标，企业的各级主管必须就这些目标对下级进行领导，以此来达到企业的总目标。如果没有方向一致的分目标来指导各级主管人员的工作，则企业规模越大、人员越多时，发生冲突和浪费的可能性就越大。德鲁克的主张在企业界和管理学界产生了极大的影响，对形成和推广目标管理起了巨大的推动作用。根据德鲁克的主张，目标管理有以下几个特点。

1.强调参与性

目标的实现者同时也是目标的制定者。上级与下级共同确定目标，然后对总目标进行分解，逐级展开，通过上下协商，制定出企业各部门、各车间直至每个员工的目标。用总目标指导分目标，用分目标保证总目标，形成一个“目标—手段”的链条。

2.强调结果导向

实行目标管理后，组织可以更好地评价一个人的工作产出。此外，目标管理还力求将组织目标与个人目标更密切地结合在一起，以增强员工在工作中的满足感，这对于调动员工的积极性、增强组织的凝聚力起到了很好的作用。

3.强调主动性与自我控制

德鲁克认为，员工是愿意负责的，是愿意在工作中发挥自己的聪明才智和创造性的；如果我们控制的对象是一个社会组织中的“人”，则我们应“控制”的必须是行为的动机，而不应当是行为本身，也就是说必须以对动机的控制达到对行为的控制。

目标管理的主旨在于，用“自我控制的管理”代替“压制性的管理”，这种自我控制可以成为更强烈的动力，推动他们尽自己最大的力量把工作做好，而不仅仅是“过得去”就行了。

4.协调集权和分权

集权和分权的矛盾是组织的基本矛盾之一，唯恐失去控制力是阻碍管理者大胆授权的主要原因之一。推行目标管理有助于协调这一矛盾，促使权力下放。

德鲁克的管理思想对后世的企业管理产生了深远影响，著名的惠普之道就有目标管理（MBO）的影子。但众多的企业在践行MBO时，只截取了德鲁克目标管理名词中的前半截（即目标管理和自我控制的目标管理）。它们在实践中采取了自上而下的目标管理模式，中基层往往是被动接受目标，而不是参与目标的制定。

虽然这些企业运用目标管理取得了不小的成就，但这种自上而下规划目标并执行规划内容的模式也产生了严重的负面作用。员工对工作的积极性和主动性越来越弱，创新受到严重的抑制，没有人愿意冒险开发新技术、运用新方法。一项研究的结果显示，目标管理的参与度高，可以提高生产力达56%；目标管理的参与度低，只能提高6%的生产力。芯片巨头英特尔的领导者安迪·格鲁夫是一名科学型管理者，他熟读行为科学和认知心理学方面的书籍，为了定义、衡量和提高知识型工作者的产量，他在德鲁克目标管理理论思想的基础上，提出了MBO目标设定系统，也就是今天广为人知的OKR（目标与关键结果法）。

这套新方法虽然受德鲁克目标管理与自我控制思想的启发，但又与其有本质的不同。表2所示为MBO和OKR的对比。

表2　MBO和OKR的对比

MBO特征与关键词	OKR特征与关键词
什么	什么和如何
每年	每季和每月
不公开、各自为政	公开透明
自上而下	自下而上或横向（最多50%）
与薪酬挂钩	大多与薪酬无关
厌恶风险	积极进取

从表2的对比中可以看出，英特尔的OKR（目标与关键结果法）不但提出了目标是什么，还指出了设定和达成目标的举措，同时赋予了目标管理专注、契合（契合指协作、纠错与沟通渠道畅通程度）、追踪和激发潜能等作用，并让目标管理与奖金脱钩，从而完美地解决了传统目标管理所存在的缺陷（林国峰，博元生道管理评论）。

由此可见，OKR虽然与MBO、KPI等属性相同，只是一个管理工具，却受到IT行业、互联网行业、高科技行业等的追捧，最根本的原因是该工具鼓励员工自我驱动。设定工作目标的过程中，下级参与目标制定意味着团队目标的实现与员工自我激励绑定在一起并替代上级管控。此种模式下，员工会得到更多的自我积极暗示，以个体激活状态带动整体生产力快速提高。

第7节

总结与案例

以上从环境氛围、人文氛围等方面介绍整体工作氛围的重要性，并指出企业文化是企业整体工作氛围蕴含的软实力（如图9所示）。作为无形的精神力量，它可以激发人的潜力，提升人的主观能动性，带动生产力水平获得质变性的提高。

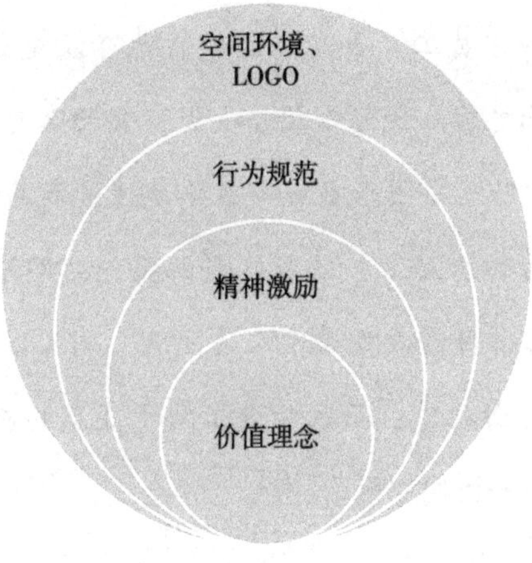

图9　整体工作氛围

【案例】

阿里巴巴集团的企业文化管理

阿里巴巴集团控股有限公司（以下简称阿里巴巴集团）从“十八罗汉”初创的电子商务公司，成长为横跨电商、金融、无线通信等多种业态的产业生态圈，旗下拥有十余家子公司。

曾任阿里巴巴集团人力资源副总裁的卢洋认为，互联网产业是“只有第一，没有第二”的产业，在这样的行业背景下，自下而上的草根创新才能够使企业保持持续的活力，背后需要的就是开放、透明、能够让员工保持高度的自主性的文化。

1. 不将管理视为一种控制

对于阿里巴巴集团而言，一切规章制度的出发点都是“调动每一位员工的积极性和创造性，使员工的能量能够最大化地释放出来”。

阿里巴巴集团充分满足了员工的施展才华和创新的需要，实施赛马机制是一个很好的例证。员工只要有好的创意就可以提交到阿里巴巴集团项目委员会，经过审批之后，就可以放手去做，集团会为其配备人手、资金，甚至会有期权，阿里巴巴集团很多好项目都是通过赛马机制获得成功的。

在阿里巴巴集团的历史上，就有这样的案例：刚刚转正的员工提交的项目脱颖而出，之后项目形成五六十人的团队，闯入该领域全国第一梯队。集团不仅鼓励员工自由创作，而且对员工给予高度的包容，这样的政策对于高低职位的员工是一视同仁的。

2. 开放与分享的文化氛围

企业文化建设自始至终是阿里巴巴集团发展的重中之重。早在2003年，集团就创新性地把对价值观的考核纳入员工绩效考核管理体系之中。

在阿里巴巴集团招聘历史上，多次出现因为价值观方面的问题将行业精英拒之门外的情况。阿里巴巴集团认为，如果价值观与企业价值观不吻合，一个人能力越大，对组织的破坏力也就越大。

阿里巴巴集团文化与互联网行业基因是一致的，就是“开放、分享”，这种价值观不仅能够应对业务庞杂引发的“大组织病”，而且能够确保有利于公司发展的先进制度落地实施。

为有效激发员工工作的自主性，优化体系内的人力资源流转，阿里巴巴集团对转岗制度做了调整：以前，员工调岗需要部门主管双向同意，后来，在满足转岗规定的条件下，只要接收方同意，原部门主管就要放人。阿里巴巴集团认为，转岗制度并不难设计，但真正在企业内部实施却很困难，如果不是包容的文化内涵被各主管真正接纳，制度就很容易会妥协于现实业务发展需求。

所以，在瞬息万变的互联网环境中，阿里巴巴集团构建了面向未来的企业形态，有效运转的关键在于开放和分享的企业文化。

3.关注员工的幸福感

阿里巴巴集团的企业文化管理之所以有效，得益于其对员工幸福感的关注。在阿里巴巴集团的人力资源体系中，员工不是实现企业发展的工具，员工幸福本身是企业存在的目的之一。

在人力资源部中，大部分人员来自技术、产品、运营等各个业务部门，只有少数是人力资源专业出身。这样的人力资源部能把集团的“家事”料理得细致周密，小到日常文娱，大到晋升庆祝，人力资源部总会体贴入微地考虑到员工的需求。一年一度的阿里家书计划会让员工更有归属感；在阿里巴巴集团设定的“一年香、三年醇、五年陈”的员工成长轨迹中，部门会在关键成长时期第一时间为员工送上鼓励。

再比如，2021年年底，阿里巴巴集团在内网公布了多项针对员工关怀的“暖心计划”，包含多项员工福利升级——除率先响应国家号召延长产假、新增育儿假外，还推出了7天全薪陪伴假、10天育儿假、20天全薪长期服务假，同时新增交通补贴鼓励员工绿色错峰出行，提高员工集体出游费用标准。此外，阿里巴巴集团还将试行灵活办公制度。

数字时代，技术和人才是引领科技型企业发展的两大核心引擎，阿里巴巴集团的人力资源管理有其先天基因的支撑，同时也彰显了其与时俱进的创新性。

第2章 / CHAPTER TWO

企业文化与企业经营业绩的关系

通过以上关于“心理活动—心理状态”的规律的论述，我们可以推论，工作氛围对员工的绩效影响是显著的。

良好的企业文化能够为员工提供一个良好的内部环境，内部环境改善是提高员工绩效的前提和条件。在良好的氛围中，如果员工的贡献能够及时得到肯定，就可以激发出员工的荣誉感和责任感，使绩效水平得到显著提高。

以华为为例，团队精神、集体奋斗是华为信奉的价值观，华为自始至终非常重视人力资源的挖掘与人才储备，务实、团队至上的工作氛围也是华为发展中一项关键的助力因素。

表3是几家知名企业在工作氛围方面的特点，这几家企业都有着优秀的企业文化。

表3 几家知名企业的工作氛围特点

知名企业	工作氛围特点
巴塔哥尼亚	组成一支热爱自然、“离经叛道”的“邋遢鬼”们的团队，他们对工作和娱乐有着共同的激情
皮克斯	打造一个富有创造性的集体，所有成员对事业和彼此拥有非常强烈的责任感
全食超市	在公司运营方面给予员工充分发言权，同时执行一系列促进业绩提升的措施
奈飞	雇用优秀的人才，让他们与同样优秀的人才共同工作，让他们享有工作自由度，同时要求他们对业绩负责

资料来源：[美]罗伯特·布鲁斯·肖《极限团队》。

关于企业文化与企业经营业绩之间存在的关系，说法颇多，代表性的理论有因果学说、适应性学说和灵活性学说。三种理论各有特色也各有不足，虽然并不被所有人接受，但是它们表明企业文化与企业经营业绩之间的确是存在联系的。

两位美国哈佛大学学者通过专家访谈、问卷调查等方法，经过长时间研究得出这样一组数据：12家在1977年—1988年经营业绩优异的公司，它们的“企业文化/市场环境适应度”这项指标得分较高；同时期10家经营业绩不佳的公司该项指标得分偏低，如表4所示。

表4 样本公司的“企业文化/市场环境适应度”指标得分

经营业绩优异的公司		经营业绩不佳的公司	
名称	得分（7=强，1=弱）	名称	得分（7=强，1=弱）
美洲航空公司	6.2	西北航空公司	3.7

（续表）

经营业绩优异的公司		经营业绩不佳的公司	
名称	得分（7=强，1=弱）	名称	得分（7=强，1=弱）
银行信托投资公司	6.5	花旗银行	3.0
安海斯－布希公司	6.4	库尔斯公司	2.2
百事可乐公司	5.5		
惠普公司	5.7	施乐集团	3.8
康阿格拉公司	6.4	A. D. 米德兰公司	6.2
壳牌石油公司	6.5	德士古公司	2.6
艾伯森公司	6.2	温迪克西公司	3.0
戴顿赫德森公司	4.4	J. C. 彭尼公司	4.1
沃尔玛公司	6.8		
G. 韦斯特公司	7.0	阿曼森公司	4.1
斯布林集团	5.3	F. 坎农公司	3.6
平均值	6.1	平均值	3.6

资料来源：[美]约翰·P·科特、詹姆斯·L·赫斯克特《企业文化与经营业绩》。

表4中，12家经营业绩优异的公司，其“企业文化/市场环境适应度”这项指标的平均得分是6.1分，而10家业绩不佳的公司此项平均得分只有3.6分。表5更加清晰地反映了二者经营结果的数据对比。

表5　样本公司多个指标数值对比

企业/平均分值		年纯收益增长指数	年投资回报率（%）	企业股票价格年增长率（%）
经营业绩优异的企业	美洲航空公司	23.5	4.69	23.69
	银行信托投资公司	45.3	9.84	20.43
	安海斯－布希公司	43.7	12.43	23.30
	百事可乐公司	22.2	12.95	14.10
	惠普公司	40.2	16.35	17.50
	康阿格拉公司	103.1	13.34	35.65
	壳牌石油公司	20.7	10.13	14.96
	艾伯森公司	34.1	12.64	27.82
	戴顿赫德森公司	32.1	10.09	17.35
	沃尔玛公司	139.0	18.70	46.67
	G．韦斯特公司	39.2	5.37	24.97
	斯布林集团	24.0	7.02	15.53
平均分值		47.26	11.13	23.50
经营业绩不佳的企业	西北航空公司	10.3	5.24	10.65
	花旗银行	18.2	4.98	10.30
	库尔斯公司	9.2	7.69	4.20
	施乐集团	13.1	8.86	4.35
	A．D．米德兰公司	27.7	9.78	18.58
	德士古公司	9.9	5.36	4.70
	温迪克西公司	16.40	16.40	5.24
	J．C．彭尼公司	16.0	8.90	10.65
	阿曼森公司	12.4	4.49	12.80
	F．坎农公司	8.3	5.64	6.40
平均分值		14.15	7.73	8.79

资料来源：[美]约翰·P·科特、詹姆斯·L·赫斯克特《企业文化与经营业绩》。

第3章 / CHAPTER THREE

企业文化结构

1 第节

文化层次

从结构角度讲，企业文化由内至外可划分为精神层（企业精神文化）、制度层（企业制度文化）、行为层(企业行为文化)、物质层（企业物质文化）共四层。

与社区文化、军队文化一样，企业文化是人类文化与社会文化的一个子系统。作为人类文化与社会文化的子系统，企业文化结构是企业文化系统内各层次之间按时空顺序、主次地位结合的方式。

关于文化层次结构，早有二分说，把文化分为物质文化与精神文化两层；后有文化三层次划分法和四层次划分法，三层次划分法是将文化分为物质层、制度层、精神层，四层次划分法则分为物质文化、制度文化、行为文化、心态文化。

在四层次中：物质文化是人类的物质生产活动方式和产品的总和，是具有物质实体的文化事物；制度文化是人类在社会实践中建立的各种社会行为规范；行为文化是人际交往中约定俗成的礼俗、民俗、风俗等行为规范；心态文化是人类在社会意识活动中孕育出来的价值观念、审美情趣、思维方式等主观因素，相当于通常所说的精神文化、社会意识等概念，这也是文化核心层。

比如，放鞭炮是中国人过春节的传统习俗，政府对民众这一习俗的干预经历了一个“否定之否定”的曲折过程。

以北京市为例，20世纪90年代，鉴于燃放烟花爆竹可能带来的各种危害，北京市政府做出决定，要求全市除远郊区、县外自1993年12月1日起禁止燃放烟花爆竹。然而，受多年习俗的影响，人们在春节用燃放烟花爆竹的方式庆贺新春的心态难以一时改变。从1994年开始，春节期间的爆竹声仍然此起彼伏。政府出于对民意的尊重，于2005年把全面禁止燃放更改为限制燃放即“禁改限”。“禁改限”刚刚实施的第五年，即2009年春节又发生了一件令全国关注的大事情，著名的央视大楼工程于当年元宵佳节因为燃放烟花爆竹失火，损失巨大。此后的几年，北京市每年严格执行在固定时间的五环路之外才可以燃放烟花爆竹的规定。

可喜的是，今天与20世纪90年代已经不同了，人们早已有多种方式庆贺新春。改革开放的深入发展不仅为百姓带来了生活水平的提高，还转变了人们的思想观念。很多市民接受采访时明确表示“过年不再燃放烟花爆竹”。

这解释了文化层次中的心态层与制度层、行为层之间的关系。由于心态层是核心层，核心的地位决定了制度、行为的方向。当民众心态难以一时转变时，政府对制度进行调整，直至社会发展到今天，民众的观念已经与时俱进。

第2节

企业文化层次相互关系及系统性

文化四层次的心态层对应企业文化中的精神文化，精神文化虽然是隐性的，需要在实践中加以体现，但其属于核心层，直接决定制度层、行为层、物质层（如图10所示）。

企业文化中的精神文化具体包括企业愿景、企业宗旨、经营哲学、核心价值观等。

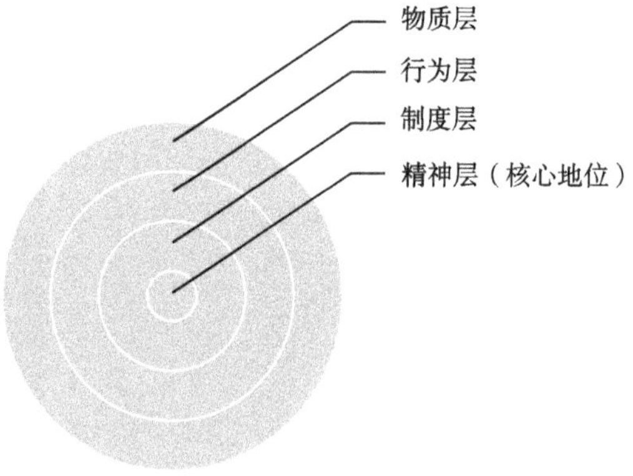

图10　精神层文化处于核心地位

核心的地位犹如一棵树的树根，连接树干、树枝，直至茂密的树叶。

只有全体员工认可价值观体系，核心地位才能真正凸显，老板与员工之间的对立统一关系才能化解矛盾性而显现同一性。因此，在企业文化建设中，构建价值观体系是一个需要全体员工参与的环节，我们不能将企业文化简单地视为老板文化。

图11所示为构建企业核心价值观的科学步骤。

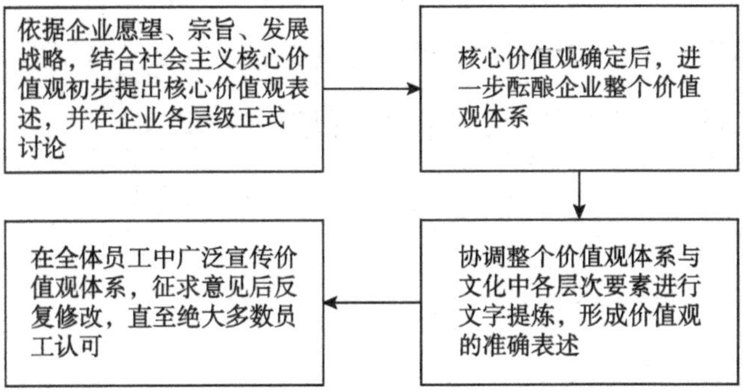

图11　构建企业核心价值观的科学步骤

资料来源：张国梁《企业文化管理》。

参与的过程就是认同的过程，价值观只有被全体员工认同，文化管理才能落地实施，实现从心动到行动的齐心协力。

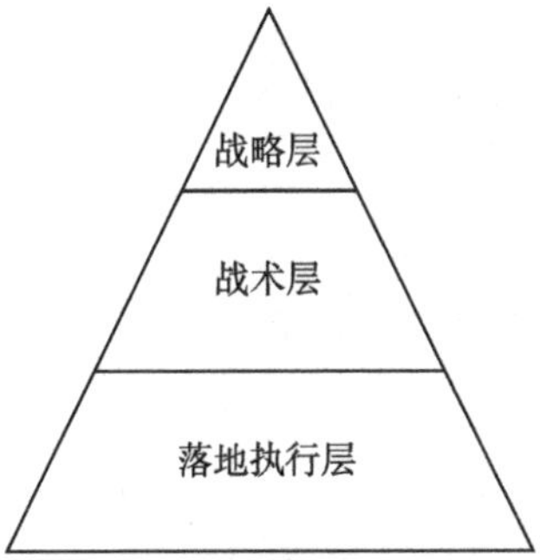

图12　企业的战略层、战术层和落地执行层

如图12所示，企业结构的三个层次中：战略层承担文化管理的发起责任；战术层负责文化理念宣贯，并制定一系列方法、策略；落地执行层的行为方式要与战略层的价值理念相匹配。

美国埃克森公司的价值观尊重员工的个人创造性，并且相信员工内心对组织的责任感，这一价值观带来的结果是员工之间只有职务的不同，而没有等级高低之分。一个具体表现是，这家公司在上班时间对员工的工作服都没有明确要求。与之对比，欧洲麦迪公司注重员工的职业背景、资质等，员工之间见面礼节之周全就是价值观的直接体现。

第3节

树根与树干——精神与制度

精神层犹如树根，要想在树根上长出坚固的树干、茂密的枝叶，建立制度是必不可少的。文化论不是“口号论”，没有制度做保障就难以让价值观“内化于心”。

2012年伦敦奥运会上，羽毛球女双赛场接连出现消极比赛，牵涉到两场比赛，中、韩、印尼三个队的四对选手。两场比赛，选手们纷纷失误，引起现场观众一片嘘声。这两场比赛引起轩然大波，包括中国羽毛球女双运动员于洋、王晓理在内的8名女子羽毛球运动员，因消极比赛而被取消奥运会羽毛球比赛的参赛资格。

于洋坦言她们这样做主要是因为保存体能的需要，她说，作为职业运动员，她们很无奈，要拿好的成绩，所以要保存体力，希望在接下来的三场比赛中发挥得更好。

“更高、更快、更强”是奥林匹克文化的核心价值观，正是因为这一核心价值观被所有人认同，奥运会才延续至今而长盛不衰。因而，在奥运舞台上故意消极参赛的行为无疑是对价值观的亵渎。

联想集团的领导层很早以前曾表示，在联想：有规定坚决按规定执行；

若规定中有不合理之处，先按要求做，完成后再修改不合理之处；如果没有规定，则在向上级请示的同时依据联想价值观标准建立规定。

参考以上论述，上述奥运会案例中，如果没有其他相应规定，依据奥林匹克文化内涵制定规则并执行，给予场上消极参赛运动员以“取消参赛资格”的处罚完全正确。

在任何组织，制度建设是否与价值观匹配直接关乎价值理念能否被全体成员认可。美国安然公司的价值观同样是强调诚信，但员工的实际做法却是为实现目标不择手段，导致企业最终破产。因此，文化建设的最终目的是追求长远利益和组织持续发展，不能目光短浅，只顾眼前利益。

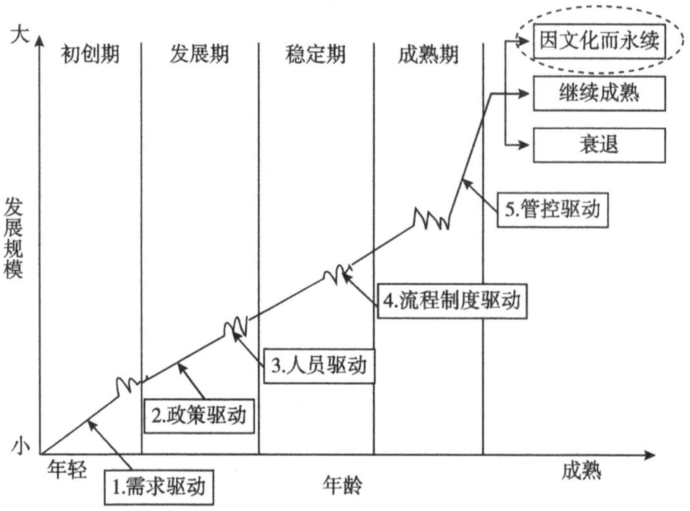

图13　企业成长路径

图13所示的是一种企业成长路径，企业从初创期到成熟期是一个文化积淀的过程。企业文化能否在组织内部落地直接关乎企业是否具有持续生命力。以同仁堂集团为例，集团于清康熙八年（公元1669年）创建，至

今已有三百多年历史，在发展历程中，其管理方式、企业所有制形式等都发生了巨变，却依然能长盛不衰，在海内外信誉优秀，树起一块金字招牌。同仁堂生命力持久的根本原因是优秀文化的积淀形成良性循环，其产品配方独特、选料上乘、工艺精湛、疗效显著，因文化而永续！文化积淀往往是一个追求长远利益与只顾短期利益的相互博弈的过程。

值得说明的是，文化建设固然重要，但文化也不是万能的。依据图13的企业成长路径图及相关知识，企业是否永续也与政府对行业政策的调整等因素有关系。

【相关案例】

A职业教育集团的企业文化建设[①]

北京A职业教育集团（以下简称A集团）成立于1997年，主要提供IT技术培训等服务，包括软件工程师、工装设计师、网络架构师等专业人才培训。A集团作为一家民营教育机构，成立之初的工作重心是招生，毕竟只有招到生源，A集团才有发展机会。

20世纪90年代中后期，我国高等教育毛入学率为10%左右，2005年刚超过20%。从1997年到2005年，A集团的招生对象定位在高中或中专毕业未升学群体。由于宣传到位，A集团成功招收了大批学员，到2005年年底，机构已拥有在学学员过千人，各类教职工总计过百人。

成立前十年，机构之所以发展迅猛，除了招生对象定位准确的原因外，还有一个重要原因是A集团负责帮助结业学员就业，根据每个专业方向都专门设立了就业部，由就业指导老师负责职业素养教育及就业推荐。不少

① 引自岳晨光《A集团企业文化建设研究》。

学员学成结业后通过A集团的就业平台走上工作岗位。

为确保战略目标实现，A集团在成立之后的第二年起对管理层实施KPI绩效考核，并严格执行。

表6 A集团关键业绩指标及权重分配

关键业绩指标	所占权重（%）
招生数量	40
学员对课程满意度	30
学员中途流失率	10
学员就业率	10
学员就业薪水	10

绩效考核的实施为A集团的发展提供了保障。由以上考核指标可知，招生数量在考核指标中权重较高，这是创业期企业生存的需要。

2006年，A集团董事会提出把集团企业文化建设当成集团发展中的一项重要任务。董事会确定A集团的发展愿景是“成为中国就业教育顶尖品牌”，企业宗旨是“为社会培养合格技术人才”，采用“目标驱动教学”，同时引进大量实验设备辅助教学，确保人才培养合格。在组织架构方面，集团变直线职能架构为事业部架构，依据专业培养方向，设立软件工程学院、网络学院、环境艺术学院等六大学院，每个学院设院长一位，全面负责学院工作，董事会不干预学院具体工作。

由以上战略规划可以提炼出A集团的文化结构层面的具体内容（如表7所示）。

表7　A集团企业文化结构

企业文化	具体内容
精神文化	愿景：打造就业教育顶尖品牌 宗旨：培养合格技术人才 价值观：为学员就业奉献
制度文化	领导体制、各类管理制度
行为文化	有别于传统教学的培养模式
物质文化	实验设备、实训基地

集团各类管理制度于2006年之后发生了较大改变，组织架构的调整使集团由直线职能架构转为“院长负责制”，共有六大学院。集团不再以招生工作作为考核院长的绩效指标重心，而是把学员的就业工作当成第一要务。

关键业绩指标	所占权重（%）
学员就业薪水	30
学员就业率	20
招生数量	20
学员对课程满意度	20
学员中途流失率	10

图14　改革后的A集团关键业绩指标及权重分配

由图14可知，2006年之后A集团已跨过初创期，在考核指标体系中，占据最高权重的是学员的就业，而不再是招生工作，企业的发展战略与初创期完全不同。

学员就业状况良好可以带动招生工作更加顺利地开展，形成良性循环。

更重要的是，把学员就业工作放在首位是制度文化与精神文化的匹配。

此后，A集团运营状况总体良好，但也出现了新的问题，成绩优秀的学员都能学以致用，顺利就业，而成绩差的学员就业较难，各学院院长为了完成工作考核任务，经常推荐差生从事房产销售、房产经纪人等与学生所学不相关的职业，引起了差生家长的不满。

后经董事会研究，为解决少部分学员家长的不满，集团调整了考核院长工作的各项指标，调整后的关键业绩指标及权重分配如图15所示。

关键业绩指标	所占权重（%）
学员或学员家长投诉率	20
学员就业后试用期离职率	20
学员就业率	20
招生数量	20
学员中途流失率	10
学员对课程满意度	10

图15　再次调整后的A集团关键业绩指标及权重分配

调整后的考核指标“学员或学员家长投诉率”“学员就业后试用期离职率”“学员中途流失率”三项数据与考核得分负相关，“学员就业率”“招生数量”“学员对课程满意度”三项数据与考核得分正相关，取消“学员就业薪水”指标考核。

调整之后，投诉明显减少，A集团的发展迈入了新的阶段，校企合作（“校”指A集团，“企”指与A集团合作的企业）明显增多，“工学结合”式教学特色明显，学员结业之前可以到合作单位“顶岗实习”，实现企业文化与职教文化相融合。

上述案例阐述了A集团在企业文化建设中制度层与精神层的匹配。随着A集团的发展壮大，就业文化替代招生文化成为集团的强势文化，绩效考核内容与考核指标权重也发生了相应转变。

第4节

树干与树枝——制度与行为

制度层与行为层如同树干与树枝。组织文化中，组织内部成员的积极行为应当得到激励；反之，破坏组织文化的行为应得到惩罚。相应规章制度应当通过民主程序制定并对全体成员公示。

制度的本质属性是可以强制执行。这就像唐僧对孙悟空的管教一样，没有紧箍咒，难以约束。机动车在公路上行驶，无论是否有交警或电子眼，只要遇见红灯，一般都会自觉停车，与之形成鲜明对比的是“扎堆式过马路”屡禁不止，其根本原因在于前者存在制度执行者，而后者没有。

企业没有制度，就谈不上发展，设计和执行有效的管理制度，是企业保证整体管理效益的基础。

在海洋公园的海豚表演中，海豚听从训练师的指令，做出各种各样的动作。很多人认为，海豚之所以能够完成表演，是因为每次完成动作都会得到食物。那么，海豚为什么不直接抢夺岸上的食物，而要和训练师互动完成表演呢？这是因为训练师给它们培养了习惯。

查尔斯·都希格在《习惯的力量》一书中谈到，关于习惯，我们大脑中的反应是一个由三步组成的回路过程：第一步，存在着一个暗示，能让大脑进入某种自动行为模式，并决定使用哪种习惯；第二步，存在一个惯常行为，这可以是身体、思维或情感方面的；第三步是奖赏，能让大脑辨别出是否应该记下这个回路，以备将来之用。

暗示—完成动作—获得奖励，海豚在经过训练之后，会渐渐地养成习惯，精彩的海豚表演才得以展现给观众。

我们总结一下海豚表演中所蕴含的深奥的管理智慧。

① 海豚可以形成一种习惯，让大脑进入自觉行为模式，实践中能接受暗示，开启行为模式。

——企业文化管理是在养成一种习惯，企业应引导员工在制度的环境下形成习惯性行为。

② 海豚表演完成后会得到食物的奖励，但表演失败就得不到奖励甚至可能受到惩罚。

——如果说习惯的形成是行为管理的结果，行为则在制度执行的基础上产生，这便是文化层次论中制度层与行为层的关系。

③ 早有科学家研究过，海豚具有与众不同的智力。它的大脑体积、质量是动物界中数一数二的。此外，海豚具有非常强的学习能力，十分亲近人类，天生乐意与人交往。

——如果把海豚表演视为一项工作任务，则海豚自身具备的特征符合“用人单位的录用条件”。

大脑在存在暗示的情况下进入某种自动行为模式，最后转化为习惯，而习惯一经养成，便会产生相当大的力量。潜意识在其中承担关键角色。就组织来说，内部的各类奖惩制度构成了习惯形成的原动力。虽然内因是事物发展的根本原因，外因通过内因起作用，但是，外因作用同样非常重要。组织文化中，人的行为形成习惯，内因是人的心态转化成习惯，外因是各类规章制度起到支配人心态的作用，这反映了文化层次论中制度层与行为层的关系。

胜任力模型是人力资源管理中被经常提及的一个理论模型。海豚表演的事实说明了企业构建胜任力模型的重要性。只有像海豚一样符合录用条件，接下来的工作才会有意义。文化管理更是如此，科学的人才测评、人才录用标准是文化管理的重要内容。人选对了，管理也就很快落地了，文化的“化育”过程也就能帮助企业完成文化传承。

企业文化建设的最终目的是让企业全体成员对核心价值观“内化于心、外化于行”。人是企业文化实施的主体，文化的形成和发展需要全体成员共同努力，从心动到行动。主要的具体办法如下。

（1）领导示范法

“说一千道一万，不如亲自做给职工看！”

领导应做到表里如一、言行一致，带头履行价值理念。联想集团领导因为开会迟到，主动在员工面前罚站；海尔创始人曾在员工面前挥起铁榔头砸碎质量不合格产品。联想、海尔的成就与领导重视企业文化建设有着紧密的关联。

（2）礼仪固化法

仪式是企业文化很重要的一个组成部分，一家企业固化的礼仪是其形成凝聚力的重要载体。

企业文化礼仪一般指企业日常生产经营活动中的规范性交往模式和固定不变的典礼仪式。仪式的严肃性可以增强集体成员的归属感、凝聚力。仪式主要包括：新员工入职仪式、师傅带徒的拜师仪式、优秀员工颁奖仪式等。

（3）员工培训法

企业的培训支出不是企业花费的成本，而是人力资本投资。

企业应当有健全的培训体系，师资管理、课件管理及培训制度等是体系中不可缺少的要素。员工培训应严格执行培训体系要求，做好培训效果评估，让培训不流于形式，产生实际效果。

培训应注重企业战略目标与员工职业生涯规划相结合，因此不仅要有系统性，还要有成长性。此外，培训方法可灵活多样。很多时候不必从外部聘请专家做培训，组织内部富有能力和经验的人员作为全体成员学习的标杆，亲自传授行为规范、经验技巧，会起到更好的效果。

（4）宣传推广法

宣传工作是企业的喉舌，企业应该与时俱进，创新宣传方式。

对内宣传，是企业教育和激励员工、提升集体凝聚力的一种有效工具；对外宣传，则有助于企业推广品牌、提高知名度、扩大影响力。宣传推广法的常见做法是创建企业期刊、编制企业文化手册、参与公益活动等，日常的宣传窗口则包括官网、微博、微信公众号、小程序、手机APP等。

这里强调一下常常被人们忽视的方法——漫画。漫画的趣味性对人的心理暗示效果更强，如果企业或者企业的产品适合漫画的形式，在此方面进行尝试一定会产生独特的效果。

除了以上四种方法外，企业还可以灵活采用多种办法实施文化建设。有的企业高度重视晨会制度，绝不允许员工晨会迟到，更有企业经常合唱“司歌”提升团队士气，没有“司歌”的企业也可以搞合唱，唱唱刘欢的《从头再来》同样提升士气——心若在，梦就在！

第5节

树叶与果实——物质层

物质层位于文化结构最外层，主要涉及企业产品、办公环境、员工工作服、企业商标与LOGO等。

商标或LOGO作为企业重要的无形资产属于物质层内容，同时也是企业品牌的外在表现形式。

LOGO是一种具有识别性、差异性的徽标，给人以简洁、明确的视觉体验。它常见于企业形象塑造中，用于传递企业的经营内容、精神面貌、服务理念等各种信息。

LOGO与企业文化之间具有十分紧密的关联。LOGO浓缩了企业发展理念，是企业文化的象征；企业的整体状态、战略方向、产品和服务，都蕴含于LOGO中；通过不断的视觉刺激及其他宣传手段，LOGO深深地印在员工心中，形成了一种凝聚力。因为有了LOGO，公司形象得以统一，企业日常工作中经常使用的名片以及各种宣传材料都围绕LOGO传达的企业理念设计，更加高效地表现企业文化的内涵。

LOGO的设计涉及心理学、色彩学、美学等专业领域（如表8所示），同时需要一定的创意思维。思维经过加工以图形的方式体现，最终转化为企业宝贵的无形资产。

表8　色彩心理效应

色彩	感情倾向
红色	生命、热烈、喜悦、兴奋、忠诚……
橙色	温馨、活泼、渴望、成熟……
黄色	新生、高贵、惊讶、放荡、嫉妒……
绿色	生长、活力、新鲜、冷漠……
蓝色	希望、创新、寂静、孤独、和谐……
青色	理智、信仰、积极……
紫色	高贵、圣洁、诚恳……
金色	富丽、气派、庸俗……
银色	冷静、优雅、高贵……
白色	纯洁、和平、神圣、朴素、光明……
黑色	庄重、坚毅、深沉、消极、悔恨……
灰色	谦虚、失落、凄凉……

资料来源：张德、吴剑平《企业文化与CI策划》，清华大学出版社。

商标由企业经营者设计出来，标记在商品上，以与其他同类商品相区分。商标可以由文字、图形、字母、数字等要素组成，是经过一定的设计形成的具有自身特征的独特标志。商标只有在注册之后方可被法律保护，人们所提及的商标通常都是指经过注册的商标。

第4章 / CHAPTER FOUR

文化结构与工作氛围

第1节

输入端的建设决定输出端的状态

本篇开篇的图5“文化智慧人”包含“输入端——文化四层结构”与“输出端——工作氛围”。输入端体现在企业文化四层结构上，即企业精神文化（精神层）、企业制度文化（制度层）、企业行为文化（行为层）、企业物质文化（物质层）；输出端为整体工作氛围，包含人文氛围与环境氛围。人文氛围又包括领导方式、团队合作、上下级心理契约等；环境氛围是指企业通过直观的、外显的环境所反映出来的风格和情调，是客观环境对人的主观感受的影响。

此外，图5“文化智慧人”突出强调主体对客体的实践活动。所以，“输出端——工作氛围”正中心位置以单向箭头体现人的主观能动性活动。

输入端的建设决定输出端的状态。

以创新文化为例，如果领导希望营造一种创新文化氛围，则需要在企业制度文化方面建立完善的激励制度用来鼓励创新。需要强调的是，赏罚制度应当严格执行，必要时举行仪式，奖就奖到让员工感动，罚就罚到让员工以后都不敢做破坏企业文化的事情。在物质文化建设方面，要让更多的创新成果以图片、视频等可视化形式呈现在办公环境之中。

再比如，企业想塑造诚信的企业文化，可以将诚信行为融入企业日常管理、生产过程中，对员工进行思想教育，建立诚信经营的奖惩机制，积极承担相关的企业社会责任等。

前面介绍的海豚表演的例子也告诉企业“选人”的重要性。在企业制度文化建设中，要把人力资源管理放在第一位，依据岗位职责标准构建胜任力模型，只允许合格人才走上工作岗位，并做到人尽其才。

第2节

新时代背景下的企业工作氛围

时代无时无刻不在向前发展，企业工作氛围在不同时期呈现不同的特征。

20世纪90年代之后，我国企业工作氛围出现的显著变化是计算机应用设备构成了办公环境的重要因素。到了2000年左右，电脑在办公环境中已经非常普及。有观点认为，计算机应用割裂了企业文化，代表作品是特伦斯·迪尔（Terrence E. Deal）、艾伦·肯尼迪（Allan A. Kennedy）的《新企业文化》。此书认为，员工的聊天是智慧传播的途径，电脑的出现使得工作氛围趋向“枯燥”，电子邮件在很多时候替代了人们的聊天。除此之外，电脑使员工的创造性降低，一个计算机辅助设计的CAD软件让很多蓝领工作趋向标准化、流程化，一些工作技能因此退化。笔者认为，对于信息时代中这一办公环境因素的改变，到底是否有助于生产力的提高，应当透过现象看本质。以我们的邻国日本为例，日本的信息化水平国际领先，可日本的邮政行业却非常受欢迎，每逢节日人们选择盖邮戳、寄手写明信片等方式传递情感，而不是通过网络传递电子卡片。这说明什么？文化管理需要智慧，而且是通透的智慧。计算机应用使办公环境枯燥化是表面现象，人们应当充分利用电脑带来劳动生产率提高的一面，硬币的另一面要求企业柔性管理同步跟上。

2000年以后，我国网民数量每年呈几何级增长。互联网时代的特点是“去中心化、自由、平等”。不少工作，尤其是白领工作能实现任何时间、任何地点、任何智能设备灵活办公，在同一平台上，集体成员可以实现资源共享。

2011年腾讯公司推出为智能终端提供即时通信服务的免费应用程序微信(WeChat)，仅仅一年的时间，也就是2012年，微信注册用户就超过了3亿。如今，微信已被大众广泛认可，成为人们的日常沟通工具、记录生活的工具等，功能非常强大。从文化管理的角度识别微信功能不难发现，微信可以满足人们情感沟通的需要。因为工作关系搭建的微信群，不仅有助于群成员之间沟通工作，更可以丰富集体生活，拉近成员之间的心灵距离。

“十四五”时期我国将进入新发展阶段，不仅企业，社会的方方面面都面临数字化转型升级，这其中需要新型数字化基础设施建设，在岗职工面临数字化技能培养、数字化素养提升。党的二十大报告提出，坚持把发展经济的着力点放在实体经济上，推进新型工业化，加快建设制造强国、质量强国、航天强国、交通强国、网络强国、数字中国。

第3节

经济全球化背景下的工作氛围特征

经济全球化缔造了国际经济秩序的新格局，人与人之间的联系也在信息化背景下愈发紧密。特伦斯 · 迪尔（Terrence E. Deal）和艾伦 · 肯尼迪（Allan A.Kennedy）在其所著的《新企业文化》中描述了这样一种生活状态：一位美国人能够从A&P（大西洋和太平洋食品公司）购买印度尼西亚公司的金枪鱼，或者用海丰银行信用卡（中国香港）购买加拿大百货的衣服，可以驾驶一辆Plymouth Laser汽车（日本）在沙特阿拉伯加油站加油，阅读布尔戴的书（联邦德国），喝着孤星啤酒（澳大利亚），听着哥伦比亚广播公司发行的唱片……①

全球化的世界里，生活必然伴随着文化交融，跨文化沟通必不可少，工作场所亦是如此。不同国家的人价值观自然不同，来自多个国家的员工在工作场所中，语言沟通、习惯认同、相互信任都需要长时间的磨合。因此，相关企业做好跨文化管理显得尤为必要。管理的目的是解决文化冲突，创造和谐的工作氛围。企业管理者要引导员工综合运用沟通技巧，尊重文

① 摘自特伦斯 · 迪尔、艾伦 · 肯尼迪《新企业文化》。

化差异，最终形成融洽的人文氛围。

企业跨文化管理是全球化背景下重中之重的事情。我国大型央企中国石油天然气集团有限公司（以下简称中石油）在跨文化管理方面有着非常成功的实践经验。20世纪90年代中期，中石油与苏丹政府签订某项目石油勘探开发产品分成协议。为成功运营项目，中石油把技术团队及管理团队带到苏丹项目现场，并向苏丹当地员工宣传中石油的企业精神，把优良工作作风传递给他们。此外，在双方合作过程之中，中方领导从不当众批评苏丹员工，一般都是会下与他们平等交流，中石油还积极创建内部融合机制。最终，中石油的跨文化管理策略在苏丹项目实施中取得了非常大的成功。不仅是苏丹合作项目，中石油在多个海外合作项目都取得很高的成就，成为跨文化管理的一个标杆。

第5章 / CHAPTER FIVE
人才测评与晋升

第1节
人才测评及相关技术

如前所述，海豚表演说明了企业“选人”的重要性，这里有必要探讨一些关于人才测评的知识。同时，2008年1月开始实施的《中华人民共和国劳动合同法》对企业的用工行为进行了法律约束，这部法律的出台客观上要求企业的人力资源管理机制更加完善，选人、用人更加谨慎。因此，企业如果没有一套科学、实用的人才测评系统，很难满足上述要求。

近些年，不少劳资纠纷产生反映了关于员工素质标准的争议。企业方认定员工不符合录用条件或不能胜任工作，而员工并不认可企业的单方认定，没有事先约定的可量化工作标准，必然导致双方矛盾陷入胶着状态。未来，实用而有效的人才测评技术应当在劳资双方有关素质标准争议的事件中起到关键作用，这需要测评技术的标准化程度不断提升，其信度、效度需要得到社会相关组织的认同。

事实上，每一项素质一定有着复杂的内在结构，表现为人的外在行为。这些行为大多由人的意识或潜意识支配，所以从意识的角度出发评价人的素质是不无道理的。比如说看一个人是否有领导潜质，主要看他是否有概念性技能和影响、支配别人的潜质；看一个人是否有客服人员潜质，主要看他主动为别人服务的意愿度。最后要强调的是，观察被测评人的真实行为并做出客观评价远比倾听被测评人的自我陈述重要得多。实践证明，做好人才测评工作可以显而易见地提升企业经济效益。

简单地说，人才测评是运用现代心理学、管理学及其他相关学科的研究成果，通过心理测验、情景模拟等客观化方法对人的能力、性格特征等因素进行测量，并根据职位需求及企业组织特性对人的素质状况、发展潜力、个性特点等做出科学的评价，为企业用人、选人、育人等人力资源管理和开发工作提供有价值的参考信息。

作为人才综合测评的方法，测评技术的信度、效度科学合理，能有效避免盲目用人，非常值得推崇。常用的方法有无领导小组讨论、管理游戏、公文筐测试、案例分析等，这些方法本书不一一讲解，但需要指出的是，使用以上方法选拔人才要结合本企业实际情况，尤其要考虑成本问题，如管理游戏法要求被测评者扮演一定的角色，模拟真实工作，使用这种方法要付出较高的时间成本和人力成本，并且要求测评人员专业水平和综合素质过硬。

人才测评技术贯穿招聘选人的流程中，大致需要以下几步：

① 筛选出符合岗位要求的候选人简历；

② 依据岗位职责标准合理选择科学的测评方法与测评内容；

③ 对候选人进行测评考试与面试；

④ 对被测评人进行评估。

除做好以上四步外，企业在招聘之中摸清求职者的求职动机同样非常重要。把握好员工工作动机可以找准激励方式，最大化地达到激励效果。

第 2 节

人才奖励与晋升

在讨论了选人与用人的问题后，我们自然就要提到人员的奖励与晋升。奖励与晋升是企业给予员工肯定的两种方式。

一般情况下，组织内部奖励员工是因为员工取得了不错的业绩。员工工作干得好而获得奖励或晋升是理所当然，但那些主动传播企业价值理念的员工同样应该被奖励。

一般来说，员工晋升需要凭借自身的业绩，但如果业绩优秀的员工，其个人价值观与组织价值观不完全匹配，甚至差异不小，这时候，是否让其晋升就应该慎重考虑。一旦价值观与组织价值观不一致的个人成为企业的中层甚至高层管理者，其所管理的整个部门必将与企业文化越来越远，这势必对企业文化的凝聚力与持续发展造成很大的影响。

另一种情况是，有些员工虽然业绩达不到晋升的要求，但个人价值观与组织价值观高度契合，如果将其提拔到一个新的更高的职位，未必不能为企业做出更大的贡献。

由此看来，除了选人重要，人员的晋升同样重要，重大职务的晋升更需要企业管理者多角度、多层次的慎重考虑。

第3节

人的潜意识与企业文化

企业文化建设的落地过程应该是企业内部成员对价值观“内化于心、外化于行”的过程，因此，如果企业成员能把价值观印刻在心里，默化成潜意识，也就真正铸就了企业文化。

当某企业员工与客户沟通时，如果客户根据言行举止就能准确判断出这是来自哪个公司的员工，那也就说明企业文化建设真正落地了。

阿里巴巴集团所宣传的“开放、分享”的文化理念以及众多企业强调的“快乐管理”原则，其内涵就是充分利用人的潜意识来创造价值。中国足球唯一一次踢进世界杯决赛圈就与当时的主教练米卢蒂诺维奇倡导的“快乐足球”理念有关。

企业管理与企业文化犹如硬币的正反两面，是不可分割的。因此，如何让员工在为企业高效创造价值的同时，也能使自己身心快乐，并心甘情愿地为企业长久服务下去，是一门深奥的学问，也是所有企业管理者需要认真研究的一件重要的事情。

传统管理一般以权力和服从为模式，即强调“权力距离指数”。但人不是机器，人有丰富的精神需求，包括情感归属、尊重及自我价值实现的需求等。在现代管理中，如果忽视人的精神需求，企业发展必然会受阻。

企业文化的突出功能是增强企业全体成员的凝聚力，企业成员的一言一行都要受到本企业的价值观约束。如果价值观能够进入员工心灵深处，就可以默化为员工的潜意识。对于企业管理者而言，塑造员工这样的潜意识，可以增强员工主人翁意识，激发他们的积极性、创造力，化被动管控为主动驱动。

人的潜意识一旦形成，不需要分析或推断，凭借直觉、灵感就可以掌控事物发展，潜意识完全有可能在关键时刻发挥出重要作用。

人的潜意识可分为低、中、高三个层次。低层潜意识是人类生理本能和生命的原动力,即欲望、冲动能激发出人的潜能。平常没有存放在意识的材料，只要我们进行回忆、思考、表达就能调动出来的，这些材料位于中层潜意识。高层潜意识是灵感、智慧、直觉、洞见等一类的被动式认知功能，它的存在对人们做出突破和创新有着很大的作用，是人类进步不可或缺的力量。

有一个著明化学家的故事可以说明高层潜意识的作用。德国科学家霍夫曼发现了苯元素后，化学家们都在努力破解它的分子结构，但经过相当长的时间，依然无人能够破解。1865年冬天的一个晚上，研究了这个问题多年的化学家凯库勒突然做了个奇怪的梦，梦中出现很多原子在跳动，最后这些原子摆出长长的造型，如同一条大蛇，而且蛇还咬住了自己的尾巴，在不停地旋转着。凯库勒忽然明白了，苯的分子结构是人们从来没有想过的封闭结构。

这就是高层潜意识的体现，一旦人们接通了高层潜意识，将会出现超乎想象的事情。

潜意识如同隐藏在大脑中的“驱动程序”，能引导人们的思想和行动。如果把企业的核心价值观比作灯油，那么，假若能点亮员工大脑中潜意识的灯，企业的发展定会势不可当。

话题谈到这里，不得不提一下企业的并购重组乃至跨国并购中经常遇到的问题。心理学家指出潜意识是存在惯性的，有可能产生思维定式，使人们不愿接受新事物，以至于阻碍并购后的文化整合。

企业的并购重组需要文化整合，文化整合的终极目标应该是并购双方的文化相互融合。因此，并购过程中，不必盲目学习一方的表面的管理做法，应深度剖析双方价值观，提炼出文化管理的难点，融合另一方的先进经营理念、管理思想，制定出文化整合的方法，加快实现意识形态融合。

要想解决“潜意识惯性”的负面效应，应该有大刀阔斧改革的勇气。市场瞬息万变，企业在适应的过程中一定要学会舍弃曾经美好却不适合未来的发展理念。

第6章 / CHAPTER SIX

文化变革与整合

1 第节

文化变革

企业文化并不是永久不变的，当企业外部经营环境发生变化或企业进入新的发展阶段时，文化是需要变革的，以更好地支撑企业持续发展。多项研究结论表明，优秀的企业大都经历过成功的文化变革。

诺基亚的品牌曾经是那么响亮，可如今在智能手机领域几乎听不到它的名字了，因为它没有根据市场环境的改变做出相应变革。最重要的变革当属文化变革，文化变革不仅仅是文化结构中的浅层发生变革，更主要的是核心层的价值理念变革。20世纪，通用电气在韦尔奇领导下缔造了令人惊叹的商业奇迹，然而，自2008年美国次贷危机发生之后，通用电气业绩下滑，甚至由此走上了衰败之路，直至今日面临拆分情形，未能做好文化变革是一个重要原因。

现实中，文化变革总会遇到太多的阻力，这些阻力既包括个人层面的，也包括组织层面的。

个人层面的阻力主要涉及人的工作习惯问题，一般而言，人的行为习惯是在特定情境下的反应，属于意识活动范畴。每一次的管理变革都可能会触及一些人的切身利益,或者强迫一些人改变现有的习惯，相关人员自然会有抵触心理。

组织层面的阻力体现在管理者习惯于过去的管控方式，不愿意舍弃。实际上，文化变革一定要从企业顶层发起，高层领导务必重视。企业可以设立专门的“变革小组”并展开大规模的有效沟通，确保相关的改革措施落地。过渡阶段是不舒服的，可能涉及人员变动，但为了企业的持续发展，又是必需的。

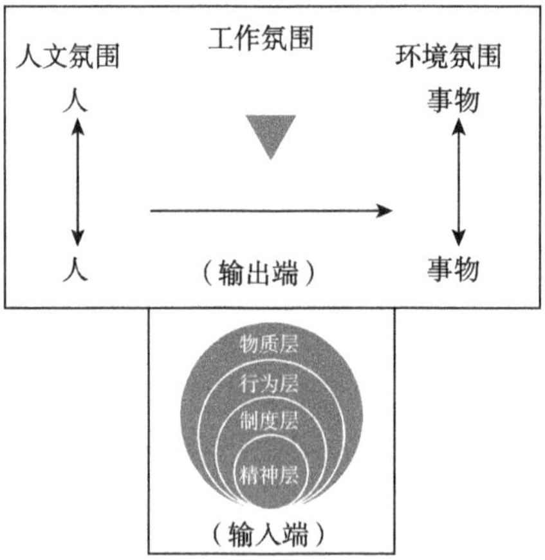

图16 “过渡阶段”的智慧人（不舒服表情）

虽然过渡阶段是不舒服的，但企业总会到达一个新的发展阶段，让“智慧人”重新微笑，那时候会笑得更有底气！

与文化变革主题相关的，还有一个故事——鹰的重生，尽管故事的真实性被科学否认，但故事内容极具励志效果。中信出版社出版的《鹰的重生》一书中，介绍了TCL总裁李东生先生曾写下《鹰的重生》一文，号召TCL人以重生的精神变革创新，坚定推进国际化事业。人力资源专家、就业指导专家汪大正老师也多次在“重塑管理者”的课程中讲解过这个故事。

无论是人，还是企业，在必要时刻勇于抛弃旧的习惯和模式，才能持续健康而充满活力地生存、发展，而这一过程必定是一个痛苦的“转折时期”。

要相信，在必要时刻展开文化变革，终究会迎来柳暗花明又一村的局面。表9所示是一些知名学者的调查结果。

表9　知名企业的文化变革

企业名称	企业文化变革时期	企业长期经营业绩
银行信托投资公司	1977—1985年	资本收益回报率年均增长情况为，1967—1976年为-8.71%，1977 — 1988年达 +14.09%
英国航空公司	1982—1985年	1977—1982年亏损5.2亿英镑，1984—1989年盈利10.59亿英镑
康阿格拉公司	1974—1978年	公司股票价格大幅上涨
通用电气	1980年以来	公司股票价格大幅上涨
帝国化学工业公司	1982—1987年	公司纯收入增长500%

（续表）

企业名称	企业文化变革时期	企业长期经营业绩
尼桑公司	1985年以来	纯收入从1987年的1.65亿美元增长到1990年的9.39亿美元
斯堪的纳维亚航空公司	1980—1983年	公司纯收入大幅增长
美国运通公司旅游中心	1978—1983年	公司利润持续增长
施乐公司	1983—1989年	公司资本回报率在企业文化变革的六年间从5%增长至12.4%

资料来源：约翰·P·科特、詹姆斯·L·赫斯克特《企业文化与经营业绩》。

不得不提的是，当前企业在数字化转型的背景下，同样需要更新文化，数字化转型中必然需要组织变革，也就需要新的价值理念与之相适应。

第2节

文化整合

企业并购重组是屡见不鲜的事情，比较知名的案例有联想集团收购IBM个人电脑事业部，中国化工集团收购倍耐力等。在并购重组中，文化整合的问题不可回避。

文化整合包括精神文化的整合、制度文化的整合、行为文化的整合以及物质文化的整合。文化整合的顺利与否直接关乎企业未来的战略发展。企业文化整合是手段，而融合是目标。好比婚姻可以把原本的两家人合为一家人，但如果之前两家人的价值观或生活观念差别较大，今后融合起来就会麻烦很多。

因此，在并购中，企业应当首先冷静地分析对方的文化特质，如果双方文化差异较大，应慎重开展下一步的工作。能够相互融合的文化会产生“1+1>2”的效果。

【案例】

盈天医药并购同济堂：中药企业文化整合

盈天医药在2013年对贵州同济堂进行并购，并开始进行企业文化整合。

到2013年10月文化整合完成第一阶段，整合过程中公司人员基本保持稳定，业绩平稳增长，整合效果良好，是当年国内医药企业整合成功的案例。

1.盈天医药概况及其企业文化

盈天医药集团是在香港联合交易所主板红筹上市的大型综合性现代医药企业，集研发、生产、流通为一体的医药产业集团。

2005年，盈天医药完成第一次企业文化提炼，2011年并购德众后进行了优化，形成如下内容。

公司使命：服务人类健康、提升生命质量、创造快乐人生。

公司愿景：光大历史品牌，传承四百年南药精髓；优化传统资源，缔造跨时代医药传奇。

公司精神：和谐、奋进、快乐。

公司核心价值观：诚信做人，用心做事，乐于感恩，勇于担当。

公司管理理念：实事求是，数据说话；优化流程，效率为准。

公司质量精神：精益求精钻工艺，一丝不苟做好药。

2.同济堂概况及其企业文化

贵州同济堂制药有限公司成立于2005年，是一家集科研、生产、销售、种植为一体的现代中成药制药公司。据其官网介绍，同济堂是贵州中药行业闻名遐迩的老字号，创建于清光绪十四年（公元1888年）。

同济堂2011年完成企业文化提炼，提出了以下内容。

企业理念：同心、同德、同济堂。

企业精神：锲而不舍、追求卓越。

核心价值观：任人唯贤，以人才为中心；遵从任务，完美执行，奋力拼搏，创造奇迹。

使命：让中医药走向世界，造福人类。

愿景：让同济堂成为中国中医药企业的领导者，让员工过上富裕、健康、有尊严的幸福生活。

六荣六耻：以热爱公司为荣，以损害公司为耻；以真实业绩为荣，以虚假业绩为耻；以艰苦奋斗为荣，以好逸恶劳为耻；以遵章守纪为荣，以违规触线为耻；以团结合作为荣，以损人利己为耻；以诚实守信为荣，以见利忘义为耻。

3.并购后的企业文化

2013年5月，中国医药集团下属公司盈天医药集团与上海复星集团、同济堂董事会达成一致，盈天医药集团将斥资26.4亿港元全资收购同济堂。截至当年11月，营销整合的第一阶段基本完成，并开始对生产中心、财务中心、研发中心等其他中心进行整合。

依据整合思路，公司高层确定将核心价值观内容的整合放在所有整合工作的最前面，确定融合后的企业文化建设的主要内容如下。

公司理念：关爱生命，呵护健康。

公司使命：践行国家中医药发展战略，引领中药产业高质量发展。

公司愿景：全面建设可持续、互协同、共发展的中药大健康全产业链，打造行业领先水平的中药大健康产业集团。

公司精神：和谐，奋进，快乐。

公司核心价值观：诚信做人，用心做事，锲而不舍，追求卓越。

公司管理理念：实事求是，数据说话；优化流程，效益为准。

此外，整合后的企业确定新的组织结构，配置各级管理人员，重新梳理各项工作流程，召开新经理级全体会议，建立沟通平台，整合薪酬体系，等等。

并购过程中有很多问题需要应对，但文化整合是需要优先处理的关键环节。短短几个月的整合过程，取得了令人满意的效果，整个医药行业对这次并购给予了高度评价。文化整合在此过程之中发挥了极为重要的作用，其成功之处能为身处并购浪潮中的中国企业提供宝贵经验。

第7章 / CHAPTER SEVEN

职工文化与相关法律

第1节

职工文化

如果说企业文化是组织内部自上而下发起的文化，那么职工文化就是自下而上发起并落地的文化。二者以对立统一形式存在。

职工文化建设是职工提高职业技能素质、丰富精神文化生活、激发劳动热情和创造活力的重要载体，企业文化建设是体现企业形象特点、增强凝聚力、提高竞争力的必要手段。（《中国工会十五大报告》）

加强职工文化体育教育等阵地建设，推广先进企业文化和职工文化，不断满足职工群众的精神文化需求。（《中国工会十六大报告》）

对职工进行思想政治教育，鼓励支持职工学习文化科学技术和管理知识，开展健康的文化体育活动。推进企业文化职工文化建设，办好工会文化、教育、体育事业。(《中国工会章程》, 2013年10月22日通过)

面对世界范围内思想观念碰撞激荡、价值观较量激烈的新态势，面对当代中国深刻变革中价值取向多元多样多变的新特点，面对经济关系、劳动关系和职工队伍深刻变化的新情况，引导广大职工继承和弘扬中华优秀传统文化，培育和践行社会主义核心价值观，树立高度的价值观自信，凝聚起推进全面深化改革、坚持和完善中国特色社会主义制度、推进国家治理体系和治理能力现代化的强大正能量，顺利实现“两个一百年”奋斗目标和中华民族伟大复兴的中国梦，具有重要现实意义和深远历史意义。(《中华全国总工会关于在广大职工中培育和践行社会主义核心价值观的实施意见》)

以上资料表明了职工文化建设的重要程度。党的二十大报告也再次指出“全心全意依靠工人阶级，维护职工合法权益”。

现实中，职工文化是企业的自身特色之一，但职工文化建设也面临一定的问题。比如，一些企业管理者为了不影响工作，经常把职工团建活动或组织职工旅游等活动安排在周末，虽然活动经费由企业承担，企业甚至为职工提供优越的活动条件，但毕竟影响了职工休息日的正常安排，这往往让职工在事后有着甜蜜回忆，但不敢说当时没有抵触心理。

第2节

相关法律

《中华人民共和国工会法》于1992年4月3日第七届全国人民代表大会第五次会议通过，历经2001年、2009年、2021年三次修正，共七章节五十八条。

工会是中国共产党领导的职工自愿结合的工人阶级群众组织，是中国共产党联系职工群众的桥梁和纽带。

中华全国总工会及其各工会组织代表职工的利益，依法维护职工的合法权益。

同时，一部规范劳资关系的重要法律《中华人民共和国劳动合同法》于2008年正式实施，与1995年施行的《中华人民共和国劳动法》构成特别法与普通法的关系。"以人为本"是人力资源管理和企业文化建设的核心理念，企业应当依据《中华人民共和国劳动法》《中华人民共和国劳动合同法》尊重职工合法权益。

订立劳动合同，应当遵循合法、公平、平等自愿、协商一致、诚实信用的原则。

诚实守信不仅是做人的基本原则，更是文明行为和文化行为的重要内容。人无信则不立，业无信则不兴。

法律条款链接

《中华人民共和国劳动合同法》关于诚信的条款

第八条　用人单位招用劳动者时，应当如实告知劳动者工作内容、工作条件、工作地点、职业危害、安全生产状况、劳动报酬，以及劳动者要求了解的其他情况；用人单位有权了解劳动者与劳动合同直接相关的基本情况，劳动者应当如实说明。

第二十六条　下列劳动合同无效或者部分无效：

（一）以欺诈、胁迫的手段或者乘人之危，使对方在违背真实意思的情况下订立或者变更劳动合同的；

（二）用人单位免除自己的法定责任、排除劳动者权利的；

（三）违反法律、行政法规强制性规定的。

对劳动合同的无效或者部分无效有争议的，由劳动争议仲裁机构或者人民法院确认。

第八十六条　劳动合同依照本法第二十六条规定被确认无效，给对方造成损害的，有过错的一方应当承担赔偿责任。

以上条款从法律角度规范了有关诚信的行为。求职者如果不守诚信（如虚构从业经历）给用人单位造成损失，用人单位可以依据上述法律条款第二十六条、第八十六条起诉劳动者赔偿损失。当然，劳动者也可以就相关的违法行为起诉用人单位。日常工作中，良好工作氛围的形成需要企业与员工之间相互信任。

对于员工的非主动请求离职，除“试用期不符合录用条件”“严重违反规章制度”等情况外，企业应当主动给予经济补偿，不要等待员工提出请求。经济补偿具有社会保障属性。

通常来讲，企业做出辞退员工的决定都是有原因的，但在不少情况下，企业单方举证证明被辞退员工“不能胜任工作”或“试用期不符合录用条件”等事实并不容易，员工之间有可能相互保护，不可量化的工作结果难以形成证据。遇到被动离职情况，员工应当首先保持理性的态度，尽量理解用人单位的决定。但是，当劳动者遇到用人单位不尊重员工或不合理地提高劳动定额导致工作任务完不成等情况，被辞退时就应该坚决请求企业支付违法解除劳动合同赔偿金。

赔偿金与经济补偿金属性并不相同，属于惩罚性工资。

在规章制度方面，《中华人民共和国劳动合同法》第四条同样有明确的规范：

“用人单位应当依法建立和完善劳动规章制度，保障劳动者享有劳动权利、履行劳动义务。

“用人单位在制定、修改或者决定有关劳动报酬、工作时间、休息休假、劳动安全卫生、保险福利、职工培训、劳动纪律以及劳动定额管理等直接涉及劳动者切身利益的规章制度或者重大事项时，应当经职工代表大会或者全体职工讨论，提出方案和意见，与工会或者职工代表平等协商确定。

“在规章制度和重大事项决定实施过程中，工会或者职工认为不适当的，有权向用人单位提出，通过协商予以修改完善。

"用人单位应当将直接涉及劳动者切身利益的规章制度和重大事项决定公示，或者告知劳动者。"

结合前文所述的文化层次中制度层与行为层的关系，上面的法律条款显得尤为重要。领导与职工代表平等协商确定的规章制度，员工必然会"内化于心、外化于行"，这会促进企业文化落地实施。从程序角度讲，如果用人单位以"严重违反规章制度"为由辞退员工，但事先既未公示，也未告知员工相关规章制度，即便制度合理也只能形成违法解除劳动合同的事实。

延伸阅读

以完成一定工作任务为期限的劳动合同

以完成一定工作任务为期限的劳动合同属于劳动合同的一个种类，但此类合同相对少见。该类合同与固定期限合同的最大不同在于合同终止期限不同，前者以约定工作的完工为终止条件，后者的终止期限则是一个精确的时间点。

近些年，一些企业为合法规避签订无固定期限合同，便选择与员工签订以完成一定工作任务为期限的劳动合同。劳动者求职心切，也往往同意与企业订立该类合同。但在书面合同中，有不少如下写法："本合同属于以完成一定工作任务为期限的劳动合同，自合同生效日起至双方约定工作完成时终止。"

合同期限是必备法律要件，但以上写法属于故意侵犯劳动者合法权益。依据《中华人民共和国民法典》对"要约"的规定，要约内容应当具体确定。因此，订立该类合同时，用人单位应当明确写出完工的工作是哪项具体工作。按照以上写法，实际操作中完全可能出现用人单位随便找出一项完工工作而终止合同的情况。

总之，以完成一定工作任务为期限的劳动合同中，工作任务是事先双方约定的工作任务，而不是劳动关系履行中用人单位临时决定的工作任务。

以完成一定工作任务为期限的劳动合同适用于项目工作或相对独立的工作，对于日常管理等未来不确定性工作不适用。

最后，抛出这样一个问题给读者思考：《中华人民共和国劳动法》《中华人民共和国劳动合同法》明确规定用人单位应当严格执行劳动定额标准，并对加班做出了加班费、加班时间等相关规定，但当前，一些用人单位在全日制用工中采用“996”工作制，您对此有何看法？

第8章 / CHAPTER EIGHT

文化建设不可缺少的红色基因

企业文化建设应当与党建工作紧密结合。国有企业不能重业务、轻党建。党建思想政治工作是企业可持续发展和稳健优质发展的基础，是企业凝聚力的重要源泉。

非公有制企业是发展社会主义市场经济的重要力量。2012年中共中央办公厅印发《关于加强和改进非公有制企业党的建设工作的意见（试行）》，推动了非公企业党建工作的新进展。

总之，新时代企业文化建设应当植入红色基因，无论是国有企业还是民营企业，都要积极地把学习内容落到实处。

本章以K公司的党建工作为例，介绍如何将企业文化建设与党建工作结合起来。

K公司创建于20世纪90年代后期，专业从事智能清洁器具的研发、设计、制造和销售。历经20多年的发展，截至2019年，其已经成为拥有两个知名品牌的集团公司，拥有员工6000余人，从最初9名党员，发展成9个党支部178名党员，其中研发领域有67名党员，另有入党积极分子20余名。

企业年营收达到百亿元，产品远销超145个国家和地区。

公司党委坚持落实“三会一课”制度，在制度化建设中使党员自觉加强党性锻炼和提升能力，为企业尽职尽责、乐于奉献。同时积极开展为党过生日、党建知识竞赛、组织交流学习体会等，不断强化党员意识教育，使得党员充分认识到自己应该发挥先锋模范作用，处处严于律己，恪尽职守。在“三会一课”制度履行方面，坚持每月召开党委会议，每季度召开一次党员大会，每半年召开一次民主生活会，年终召开一次党员民主评议活动。

公司党委大力实施素质提升工程，充分发挥党支部和党员在企业创新发展中的战斗堡垒和先锋模范作用，组织党员在公司重要项目、生产一线、重要岗位通过佩戴党徽、摆放服务卡、设置“党员示范岗”等形式亮明身份，激励党员带头钻研技术，攻关创新，推动公司转型升级。特别是研发工程师党员更加深刻地认识到科技创新的力量，秉承科技创新的理念，为科技发展不断地奉献。

公司党委结合企业实际情况，在公司内部建设健康的企业文化，不断提高员工向心力和凝聚力。

公司连续十年开展全员改善行动，发动党员、职工围绕发展创新型经济的战略目标，集思广益，为公司的发展献计献策；开展党员谈心、党群联谊活动，及时了解广大员工动态，发现问题并解决问题；开展员工竞赛活动，以技能升级促进品牌发展；开展员工拓展训练活动，以党员带群团，推动党工共建。

公司党委积极履行社会责任，设立救助基金和助学基金，在扶贫帮困、捐资助学等方面做出表率，树立良好的品牌形象。公司定期开展社会公益活动，积极开展募捐献爱心活动，参与“百企帮百家”活动，结对帮扶低保和低保边缘户，开展义务献血活动等。

SUMMARY

本篇总结

企业文化是整体工作氛围中蕴含的软实力。领导与员工属于对立统一关系。文化是一种无形的力量，无形的力量来源于以相互信任为基础的心灵契合或心理契约。无论是心灵高度契合还是心理契约，它们自身固有的隐性特征决定了各种心理暗示方法的运用。千万不能忽视心理暗示的作用，它所产生的效果非常强大。

依据马斯洛需求原理，人有着丰富的精神需求，包括情感需求、归属需求、自我实现需求等，领导可充分运用暗示等多种手段做好对人的精神激励，整体工作氛围会因此焕然一新，组织更有生命力。

人在情绪状态提升时主观能动性会增强。存在第一性，存在决定意识，因此人的情绪状态提升可理解为在良好的工作氛围中，在人性化管理和人与人之间相互信任的人文氛围中，人的自我驱动力会增强。

内因是事物发展的根本原因，外因通过内因起作用，但外因的作用相当重要。这里的内因指人的发展潜力，外因指企业文化建设，只有人具备发展潜力，文化建设才能彰显效力。因此，企业应当构建胜任力模型，做好各级各类人才的测评工作，人选对了，再经过培养，文化管理能顺利落地并服务于企业战略目标的实现。因此，人力资源管理在企业制度文化构建中的作用至关重要。

企业文化不等同于老板文化，核心价值观的构建需要所有员工认同、参与。文化四层次结构中，处于核心地位的精神层直接决定制度层、行为层、物质层。

要想从侧面了解企业文化，可以让“文化智慧人”回到学生时代。

初等教育阶段，班主任帮助“智慧人”树立积极向上的价值观，以严格的管理塑造他的纪律意识；中等教育阶段，“智慧人”忽然明白老师的良苦用心，他开始自我驱动变“要我学”为“我要学”，并且逐步学会自我激励、自我管理；高等教育阶段，“智慧人”凭借初等教育阶段养成的良好习惯以及中等教育阶段的自我驱动和信心积累，收获了诸多荣誉，甚至于取得科研成果。

从初等教育阶段开始到高等教育阶段结束，在此漫长的过程中，“智慧人”通过知识的积累和心态的成熟，积淀了自身的软实力。软实力直接关乎“智慧人”未来走向社会可以达到的最终高度。

“智慧人”学生时代的经历与企业成长周期中的文化积淀存在一定的相似性。不同的是，企业战略目标的实现依靠以领导为核心的团队力量，不是个体单打独斗。团队合作中，个体能力是团队整体效能的地基。本书下篇专门介绍团队特征及团队效能提升方法。

优秀的企业总有文化积淀，并且从企业的初创期开始，文化积淀便形成良性循环。以同仁堂集团为例，集团于清康熙八年（公元1669年）创建，至今已有三百多年历史，历经清王朝由盛到衰、数次外敌入侵、军阀混战到新民主主义革命，其管理方式、企业所有制形式等都发生了巨变，最终依然长盛不衰，在海内外享有盛誉，因文化而永续。历代同仁堂人自始至终恪守“炮制虽繁必不敢省人工、品味虽贵必不敢减物力”的古训。同样，六必居始建于明朝，为保证酱菜质量，六必居制定了六条操作规则，“黍稻必齐、曲蘖必实、湛之必洁、陶瓷必良、火候必得、水泉必香”，这是其名称的由来。如今，六必居产品早已远销海内外。

当然，企业文化也不是万能的。企业能否可持续发展与产业背景、行业环境、政府政策等多种因素息息相关。但没有企业文化是万万不可的，要想长久发展，企业就必须形成自己独有的文化。

企业文化并非一成不变，会因为企业外部经营环境变化或自身发展而发生变革。多项研究证明，优秀的企业大都经历过成功的文化变革。企业的兼并重组中，文化整合是首先应当考虑的，文化整合的目的是实现文化融合。

职工文化与企业文化以对应的形式存在。“以人为本”应该成为人力资源管理和企业文化建设的核心理念，企业应当依据《中华人民共和国劳动法》《中华人民共和国劳动合同法》尊重劳动者合法权益，劳资双方做到始终相互信任。

国有企业作为国民经济支柱，不可重业务、轻党建，要让党建工作落到实处；非公有制企业作为发展社会主义市场经济的重要力量，也应积极地在企业文化建设中植入红色基因。

下　篇

激活你的团队

企业文化的客观性、稳定性、渗透性、独特性等特征，是企业内在本质的表现。功能方面，企业文化可以鼓舞员工士气，使全员统一战略目标，推动企业向前发展，这突出体现为企业文化的凝聚功能与导向功能。

先有价值观，后有凝聚力。企业价值观就是员工的精神支柱，产生导向力，使员工向着目标实现的方向齐心协力。企业发展绝不是靠个体单打独斗，而是依赖以领导为核心的团队力量！

第1章 / CHAPTER ONE

团队与团队管理

第1节

到底什么是团队

介绍团队与团队的特征之前，先来了解下面这个童话故事。

兔子与乌龟赛跑。第一回合，兔子过于轻敌在路边睡大觉，乌龟趁机超越率先到达终点，取得首回合比赛胜利。第二回合，兔子明白了乌龟虽然慢但只要它不停歇，依然会到达终点，所以认真对待比赛，轻松取胜。前两回合，双方各胜一局，第三回合是决胜回合，比赛的路况发生了大的变化，跑道变长了，并且增加了一处湖泊。乌龟觉得太难了，本身自己速度就慢，跑道又加长，很难到达终点；兔子也很发愁，虽然自己速度快，但不会游泳，没法穿过湖泊。双方都一筹莫展。经过长时间的思考，它们终于想出一个好办法，跑道上兔子背着乌龟跑，湖泊中兔子坐在乌龟背上，最后它们同时到达比赛终点。

假设以上故事中的乌龟和兔子属于同一组织内部的两位普通成员（无论是否同属一个部门），故事的结尾则说明了组织内部成员之间并不是竞争关系，而是以目标为导向的合作关系。合作中，每位成员贡献自己擅长的一面，并且这一面是实现团队目标所需要的。团队成员之间应做到始终相互尊重、相互信任，共同努力，提升效能感。

艰巨的工作任务，单靠个体力量无法完成。人都有不同的优势、劣势，个体无论综合能力多么强也无法替代团队，“独狼意识”不可取，必须让位于团队意识。团队合作中，团队成员持有相同的价值观，每位成员发挥自身优势，形成技能互补，以构成整体力量，直至完成任务。最后，组织要有必要的方法表彰团队，传递成就感，由此形成良性循环。

团队是以领导为核心，由员工和管理层构成的共同体，有明确的分工、协作并能合理利用每位成员的知识、技能，采用一系列方法、手段，实现团队目标。一般而言，团队是有目标的，团队与群体的本质区别在于是否有明确的目标。

团队的一个关键特征是协同。所谓协同，是指协调两个或两个以上的个体或者资源，一致完成同一个目标的能力或者过程。

1. 人与人协同

人与人共同努力实现工作目标，化协调为协同可以最大限度地降低内耗。

我国著名运动员韩聪、隋文静表演动人的冰上舞蹈，二人完美配合，显示出和谐的极致，观众在观看之中会感受到协同的内涵。

在企业内部，人力资源不是人力的简单相加，重要的是员工与员工能够协同作战。

2. 协同创标

协同创标需要借助大数据、协同软件实现。协同软件以实现团队协作为目标。区块链技术作为分布式共享数据库，创造了可靠的“合作”机制，可以助力部门之间协同与数据互认。

无论是人与人的协同，还是人与物的协同，都能创造“1+1>2”的效果，提升整体效能。

2020年春节期间，由于新冠疫情的严峻性，中央决定在武汉当地建设火神山医院、雷神山医院，令全国人民振奋的消息是，火神山医院10天建成，雷神山医院12天建成，并马上交付使用。

医院的建设正是依靠数千名建筑工人与多台设备的协同作业，考验的不仅是建筑技术，更是危难之中中国人民的韧性与凝聚力。

德国之声网站在题为“面对疫情，中国惊人的组织力”的报道中指出，中国在建设武汉火神山医院和雷神山医院过程中展现了惊人的组织力。俄罗斯《共青团真理报》将火神山医院称为“奇迹医院”，称其以“创纪录的速度”完成。

有这样一句话：每个人的审美标准不一样，但是美也有通用标准。因为火神山医院、雷神山医院的建设，我们得到了他国的赞美，尽管不同国家的社会制度、历史背景有所不同。因为无论是凝聚力，还是整体效能，都属于美的通用标准。

第2节

团队管理

团队除协同的重要特征外，还应具有目标明确、分工合理、成员相互信任、责任明确等特点，具有这些特点是做好团队管理的前提。团队管理中授权、制度与流程、监督与考核、学习与培训等关键事项不可缺少。团队管理的目标是提升团队效能。

1.授权

授权一般指把完成某项工作任务的权力交给下属，以实现组织目标。

授权可以激发下属的责任心，使团队成员更富有激情地工作，提升组织效能。实践证明，喜欢放权的管理者往往会得到更重要的权力，而越是舍不得手中权力的人，最终越会丢掉权力。

2.制度与流程

制度与流程二者相辅相成、互相支撑，制度强调组织内部能做什么、不能做什么，能做的事情应当依照哪些规范、规章制度完成。流程的核心是强调逻辑性:先做什么、后做什么、输入什么、输出什么以及如何转化。

3.监督与考核

人性的固有弱点决定了责任人与监督人不能合二为一，运动员与裁判员是不同的角色。具体到企业实施绩效考核的过程，通常的做法是分级管理，上级监督并考核下级（如图17所示）。

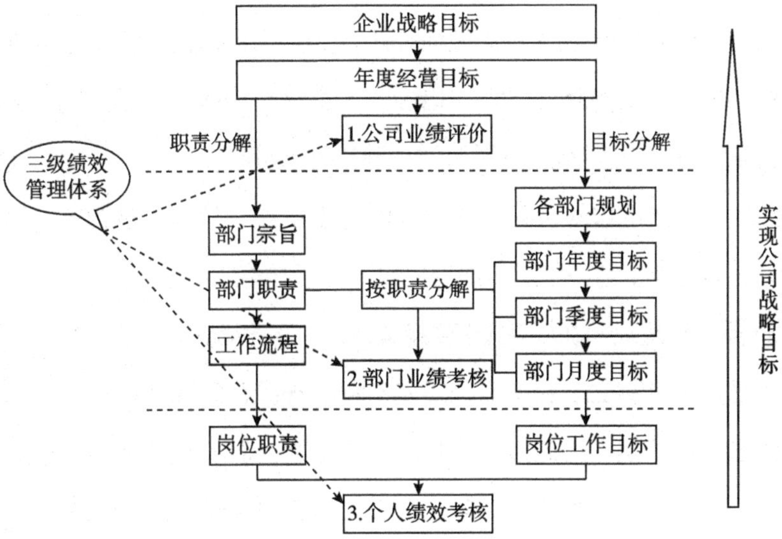

图17　三级绩效管理体系

图17所示为“公司业绩评价—部门业绩考核—个人绩效考核”三级绩效管理体系。健全的绩效考核体系是公司实现战略目标的重要手段。以部门业绩考核为例，考核部门业绩的标准，是看工作目标的实现情况，而部门工作目标又是公司经营目标的子目标，部门职责又是与部门目标息息相关的。

不仅是企业管理，社会治理中的不少案例同样采用类似的做法，比如河长制。河长制就像一张网，不同层级的河长则是联络上下内外的一个个节点。在一些地区施行的河长制中，有村级河长、镇级河长、区级河长及市级河长等层级，上级对下级监督考核，根据不同河湖存在的主要问题，实行差异化绩效评价考核，将领导干部自然资源资产离任审计评价结果及整改情况作为考核的重要参考。

4.学习与培训

团队管理应当促进组织不断更新、优化。在团队效能模式下，所有成员聚焦于目标的实现。对于少数因知识、技能不足跟不上团队进度的成员，应依据培训体系给予辅导、专门培训，如果仍不能解决问题，团队应该以长远利益为重，淘汰不合格成员，并补充新的力量。

此外，团队的更新优化需要建立学习型组织，彼得·圣吉的《第五项修炼》认为建立学习型组织可以形成以下五项技能。

① 自我超越。鼓励人们做事情精益求精，不断改进。

② 改善心智模式。看问题的眼光不断更新，观念与时俱进。

③ 建立共同目标。激发个体的主观能动性，团队形成利益共同体。

④ 团队学习。形成群体智慧，提升实现组织目标的综合效率。

⑤ 系统思考。考虑问题不能停留在表面，要顾全大局；不能只考虑眼前利益，要看长远利益。

总之，无论企业处于哪个发展阶段，也无论企业的组织架构属于哪种类型，完成任务无不依靠团队力量（包括部门内部团队及部门之间横向合作的团队），个人英雄主义或“独狼意识”应该被摒弃。

【案例】

L集团：人人为整体绩效结果负责

L集团的绩效管理遵循着全员为整体绩效结果负责的思路，在核算员工的绩效奖金时采取了系数相乘和加权平均的方法，具体公式如下：

员工绩效奖金=P（部门与公司绩效成绩）×Q（个人绩效结果）×G

（固定工资）

公式中，“P”指部门与公司的绩效成绩加权平均后的综合得分。L集团针对业务部门和职能部门设置了不同的切分比例：

业务部门的P=20%×公司绩效得分+80%×部门绩效得分

职能部门的P=50%×公司绩效得分+50%×部门绩效得分

这样的核算方式可以促使不直接产生业绩的职能部门积极配合业务部门，心系公司整体绩效目标的完成。

公式中，“Q”指员工个人绩效结果。L集团将员工个人绩效结果分为三个等级，分别对应一定的系数，如表10所示。

表10 L集团员工个人绩效结果的三个等级

员工绩效等级	人数占比	奖金系数
卓越	10%～20%	150%
优秀	70%～85%	100%
待提升	5%～15%	0

公式中，“G”指员工岗位工资，依据员工岗位与能力确定，在一定的时间内是固定的。

通过这样的核算方式，公司可以平衡各业务部门及职能部门的绩效贡献，促进内部平衡。同时，全员为部门与公司绩效成果负责也能平衡个人利益与整体利益，有助于提高团队效能。

不仅是L集团，诸多优秀企业在设置激励指标的过程中，都会使个人利益与公司整体利益挂钩，客观上为员工指明了行为方向，保障了企业整体利益，也提升了团队效能。

有一个体验式拓展训练的游戏可以非常好地培养员工顾全集体利益的责任意识，游戏内容大体如下。

把多位职工分成若干排，每排人数相同。规则要求，每排最后一个人在他前面的同事后背上写下要传递的信号，信号以此方式由队伍后面依次向前传递，直到传递到本排最前面的人（信号的具体内容由游戏裁判告知每排的最后一个人）。信号传递正确的排，依据先后名次获得相应奖励（游戏以“排”为单位）。整个游戏过程要求每位参与者不能回头，成员之间不能进行口头交流。要想自己所在的排最终正确传递信号，有个非常关键的因素，那就是务必监督自己前面的人在将信号继续往前传递时是否出现错误，如果错了，要立刻敲打他的后背予以警告，然后将正确的信号重新传递给他，直到他能正确理解信号，并也能同样准确地向前方传递。

这个经典游戏在快乐氛围中培养了参与者顾全整体的责任意识，因为要想自己的团队最终成功，就需要每位团队成员承担起监督的职责。

教育心理学的研究表明，当人们在特定的情境中相互配合时，如同置身于一个真实的团队中进行合作。这种真实感所形成的效果，是单一的授课方式不能企及的。

第3节

微信工作群文化建设

之前关于团队管理的介绍中，较为详细地阐述了团队中授权、制度与流程、层级责任分布等日常管理项目的重要特征。

2012年之后，随着微信成为人们普遍接受的沟通工具，团队管理有了新的办法，并且被管理者高度认同。无论完成哪项工作任务，都可以创建微信群，群主承担团队管理者角色。

微信工作群利用现代信息化网络技术，可以提升内部沟通的效率，同时，它也在一定程度上反映着企业文化，企业应该将工作群视为企业文化管理的一个点，不能忽视。

每个工作群都应该根据具体情况设计自己的管理制度。有些工作群的群规非常严格，比如，对于需要相关员工回复的内容，要求其必须在限定的时间内做出回复，而有些微信群的氛围则十分轻松，群成员发言也比较随意。

这里整理几个关于微信群管理的关键要点，具体如下。

1.做好进群成员资格审核

每一个特定的微信工作群，只有与工作相关的人可以进群，不应允许群中成员随意拉进自己的朋友，只有这样才能保证工作群的文化氛围。

2.群中的发言

团队成员在群中发言，一般只谈论与工作相关的事情，并且成员之间要相互激励，绝不允许出现“负能量”话语。

3.形成礼仪

群中成员之间沟通必须相互尊重。除此之外，同在一个群，如果有之前不是微信好友，想要通过群添加为个人好友的，被请求人应第一时间通过，然后主动向申请人问好。如果每一位成员都能感受到自己被重视，团队潜能会被激发，整体工作动力也会显而易见地提高，有利于整体效能提升。

4.离职或调离工作组主动退群

团队成员若离职或从现工作岗位调离，做好工作交接后要主动退出工作群。退群后必须恪守职业道德，属于商业秘密的信息，决不泄露。

微信群不仅为团队管理提供了方便，还可以塑造团队凝聚力，应当充分利用。

第2章 / CHAPTER TWO

提升团队的效能

第1节

科学合理设置团队目标

讨论团队效能之前应当明确一个问题，那就是目标的重要性。没有目标就没有团队！日常生活之中见到的，无论是“茶馆里的一群人”还是“一起跳广场舞的老人们”，都不应被认为是团队，因为他们没有明确的团队目标。有无目标是“团队”和“群体”的本质区别

团队目标的设置应该遵循让目标既具有一定的挑战性又能切实可行的原则。

1. 目标的设置

目标不能设置得太高，否则会适得其反，降低员工的执行力；但也应当具有一定挑战性，这样才会帮助团队成员进步、成长。因此，寻找平衡并制定符合实际的目标也是一种艺术，需要结合团队成员的客观情况，也要在目标执行过程之中做好灵活调整。设置方法分为“自上而下”设置和“自下而上”设置等。“自上而下”设置是指由领导、管理者发起规划并在全体成员面前公布目标，此类型设置方式员工参与度较低；“自下而上”设置则是另一种情况，此种方式员工参与度较高，可以确保每位员工发挥出在团队中的应有价值。

本书中篇在介绍OKR时也提到了，虽然目标管理取得了不小的成就，但这种自上而下规划并执行目标的模式容易产生严重的负面作用，员工对工作的积极性和主动性越来越低，创新受到严重的抑制，没有人再愿意冒险开发新技术，运用新方法；而如果是自下而上的规划，目标管理的参与度高，可以把生产力提高56%，相比较之下，参与度低只能提高6%的生产力。

2. 目标的接受与认同

目标的认同是一个心理接受过程，目标只有“内化于心”才能“外化为实际行动”。这其中，建立有效的沟通渠道必不可少，可以避免员工对目标的理解和执行出现偏差。

让目标“内化于心”有多种办法，在此，本书提供一个独辟蹊径的办法，那就是把目标写在员工休息的地方。

不少企业的办公环境都有休息室，里面有咖啡机、甜点等，员工休息是一个心灵放松与自我心理调整的过程，这个过程中大脑往往“吸收”一些对自己本人有价值的事情。因此，休息的同时看到工作的具体目标可以提高目标的心理接受程度。但也必须指出，不能破坏员工的休息环境。为了与氛围协调一致，在休息室中的标语要写成艺术字或采用幽默的方法，比如，用彩笔画一条鱼吐出泡泡，把目标写在泡泡里面，毕竟破坏了休息环境可能会适得其反。

3. 目标的调整

在执行规划的过程中，团队应该随时监督执行情况。很多时候，由于不确定因素的发生，团队不得不中途调整目标。比如，某团队定下了全年销售额1000万元的目标，半年过去了才完成200万元左右，此时如果不通过正式会议调整目标，后半年团队士气会降低很多。

第2节

团队效能

团队效能是团队及其成员相信自己的团队能够获得成功的信念所引发的激励团队成员在工作中付出更大努力的作用。有过成功经验的团队能提高对未来再次获得成功的信念。

团队成员的能力越强，团队及其成员产生团队效能并利用这种效能的可能性越高。

高效的团队是组织健康快速发展的有力保证，在组织管理中，必须高度重视团队效能的提升。咨询和管理专家Harold J. Leavitt认为，高效团队能够在危机中生存和竞争，其创造力和革新力产生了额外的回报。

团队效能可用公式表示如下：

$$F = C \times D \times A$$

在这个公式中：

F（workforce）——团队效能（团队生产力）；

C（capability）——团队所拥有的执行任务的整体能力的量度，包括团队成员的技能、知识和能力，团队成员的甄选、能力整合等；

D（dependability）——团队执行任务时所处状态的量度，包括团队成员的个性状态、角色的认知与定位等；

A（adaptability）——团队执行任务过程中所处状态的量度，包括团队成员的角色分配与扮演、团队规则的形成与完善、团队文化的成熟等。

如何从团队的构成和管理入手，分析研究影响团队效能的关键因素，建立团队效能的生成关系模型，为团队效能的研究奠定理论基础，已经成为颇有研究价值的课题。

第3节

实践方法——团队任务进度图

团队效能狭义上与通常所讲的团队绩效是相同的含义，指在规定的环境条件下和规定时间内，对团队完成规定任务程度的度量。

实践中，可以使用思维导图软件构建团队任务进度图，找到团队效能提升的方法。

制作团队任务进度图有如下三个关键步骤。

1. 做团队任务主线

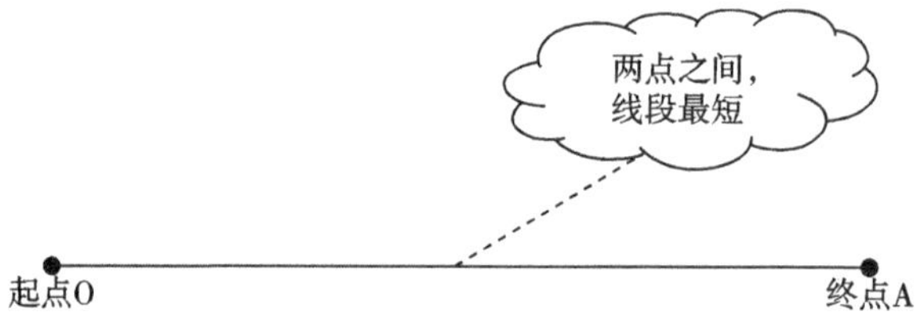

图18　团队任务主线

从狭义的角度讲，团队效能可以用时间、质量、成本、数量来衡量。

起点O与终点A分别代表任务开始和任务完成，连接两点，使之成为一条线段。起点与终点成为线段，是依据几何学原理——两点之间，线段最短。此条主线是线段，可以通过正比例方式反映团队任务完成进度，如任务已完成总体的1/2，则线段OA中点左侧表示任务已完成进度，中点右侧表示未完成任务的长度。

2. 分析团队任务的阶段目标

团队任务确定后，团队管理者与团队成员应该共同分析完成任务的关键点，这些关键点可以作为任务完成的阶段目标。

关键点存在于线段OA之上，找不出关键点或找错关键点意味着起点O与终点A之间存在弯路，形不成线段，团队效能会因此降低。

设某团队任务的完成需要三个阶段，中间存在两个阶段目标。

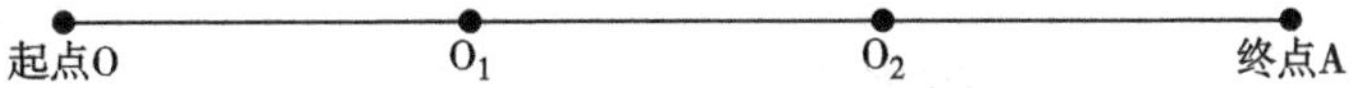

图19　团队任务的阶段目标

3. 分析并找出实现每一个目标的要素并将之与各关键点（包括起点与终点）相连接

在图19的基础之上，设到达各目标的要素均为4个，得到图20。

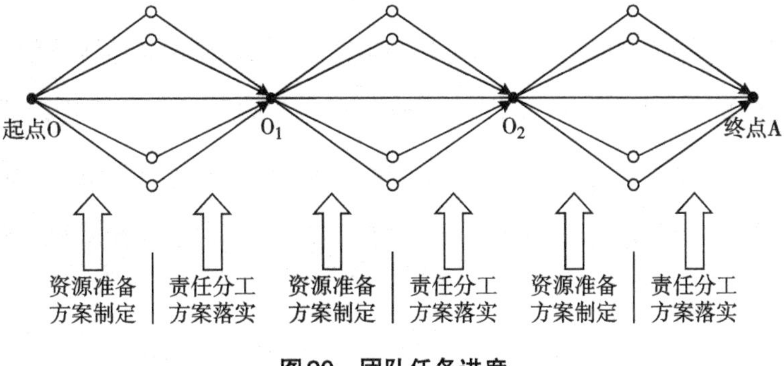

图20　团队任务进度

注：构成目标的要素数量依据目标确定，此处设定每个阶段为4个要素，以4个○替代。

团队任务进度图看似复杂，实则简单，线段长短反映团队任务完成进度，各要素及要素与主线上任何点的连接线只是辅助手段而已。为更好地理解，以“物体燃烧”为目标举例：

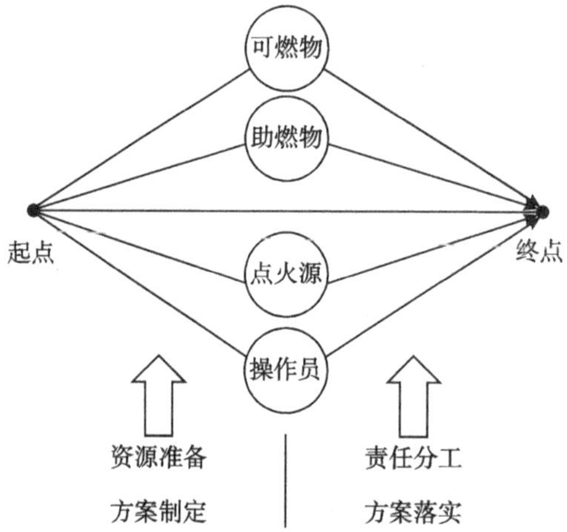

图21　物体燃烧进度

图21以“物体燃烧”为任务目标，首先分析目标实现的必备要素，除“燃烧三要素”外，“谁来操作”也是必不可少的要素（不考虑自燃）。图形的左侧区域“资源准备、方案制定”要求做好目标实现的条件准备、制定可行性方案和工作计划，方案和计划应由上下级共同制定或下级制定完成后请示上级得到上下级共同认可。右侧区域“责任分工、方案落实”要求严格执行方案至目标达成。目标达成意味着此时任务进度已经到达终点。任务完成后应不断分析、总结，寻找持续改进的方法，直至找到最佳实践方案。

无论是劳动密集型团队还是科研型团队，或其他类型团队，均可依据以上方法不断改进、测量，直至找出最佳实践方法，提高团队效能。

实践中，团队管理者（Team Leader）一般承担控制主线进度的职责，普通成员的工作任务应当配合主线，作为与主线汇合的要素。由此看来，利用九型人格特征合理搭配人才显得尤为重要。有些团队，团队内部成员综合能力都很强，但整体效能并不高，究其原因很可能是“谁充当主线角色、谁是一般要素角色”混淆不清，造成“1+1<2”的不利后果；反之，一些团队成员的个体水平都一般，整体效能却很强大，形成“1+1>2”的效果，是因为分工与合作合理。

以竞技体育运动的团队合作案例解释上述事实。为什么迈克尔·乔丹率领的球队总能获得NBA冠军？因为乔丹的个人能力可以视为团队任务主线，他的队友配合好乔丹就算完成任务。那些没有超级球星的团队想要撕破对手防线，必须通过反复传球、突破等动作，比拥有主线的团队需要多走“弯路”。

同样的道理，2008年北京奥运会开幕式精彩绝伦，在设计团队中，张艺谋总导演承担控制主线的职责，团队其余成员应充当“要素”角色配合好张导演的要求。

团队任务进度图的另一个特征表现为，起点与各要素的汇合呈现“发散”形状，要素与终点或阶段目标的汇合是“聚焦”形状。首先，要素的产生与数量依据具体目标确定，是一个逆序的过程，可以理解为“要想实现某目标，则必须具备要素A、要素B……要素N”。其次，图形中起点与各要素的“发散”形状代表工作场景当前的现有条件必须与各要素需要的条件对接，包括人、机、料、法、环等资源条件。最后，图形中“聚焦”于各目标的形状意味着资源条件已经准备就绪、工作计划也已确定，此时需要执行计划，需要人与人、人与物的协同直至同步（聚焦）到达结果。

以麦当劳窗口的销售案例解释团队任务进度图的“发散”“聚焦”特征。

多年前，麦当劳店内的点餐窗口与取餐窗口是同一个窗口，时至今日，很多麦当劳餐厅的取餐窗口独占一个区域，已经与点餐窗口分开。每个人都明白分开的原因，点餐的渠道多了手机APP、店内屏幕等，取餐窗口是多种途径点餐的“聚焦”区域。

麦当劳的产品销售是团队任务主线（线段），就任意一个阶段目标而言，“发散”形状代表当前工作条件要与多渠道的点餐情况对接，“聚焦”形状代表多渠道的点餐数量、类别汇聚在取餐窗口。每一种客户点餐的途径视为一个要素。

现实中，要素的数量要依据目标的情况而确定，目标不确定，构成目标的要素不可能确定，因此任意一个团队的阶段目标可以描绘如下（如图22所示）。

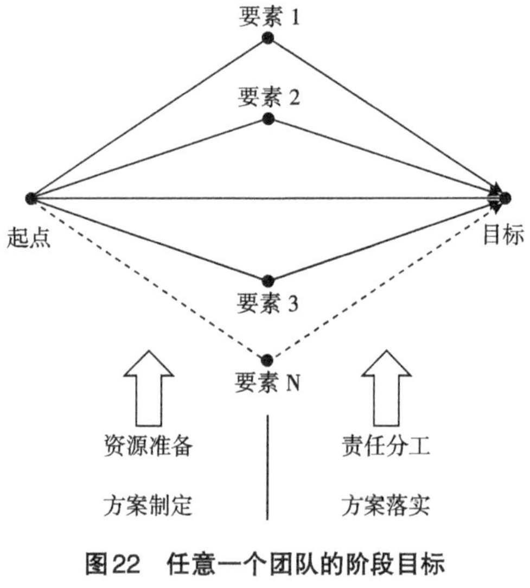

图22　任意一个团队的阶段目标

任何一项复杂的团队任务在确定好阶段目标的关键点后，都可以依据图22的实践方法，也可以借助思维导图软件或鱼骨图模型等工具实现目标的完成。

现实中，也有另外的情况，即每天的工作内容差不多，团队成员对于构成工作目标的要素已经很熟悉，团队中每位成员的特点、优势也都被管理者掌握，此时已经不需要什么模型或工具作为辅助手段了，需要的只是不断分析、总结和持续的测量、改进。

实践中寻找最优方案是标杆管理思想，企业中任何一本操作手册所表述的应该是现有资源条件下的最优实践办法。

著名企业家王健林编著的《万达哲学》中描述万达内部工作状态时，有一句话是“工作不会做，请去看电脑”，这句话说明了万达早已将工作的最优实践办法及相关流程汇总完成。此外，万达任何一项工程项目在开工之时便能确定好开业之日，其对工作计划之重视及执行力之强大值得很多企业学习。

【案例】

某大型商厦开展招商工作，招商团队制定了业绩目标之后，领导对目标并不满意，要求在现有目标基础之上提高25%。起初，团队对领导提出的要求不能接受，认为已经没有精力再提高目标，因为在招商过程中，每位团队成员需要占用大量时间与客户协调“占用商厦的位置”。

后来，在专业咨询公司的帮助下，招商团队改变了分工与协作的方式，团队中协调能力最强的那位员工专门负责协调商厦位置，其他成员的招商结果信息汇集到他那里，其他成员不再负责协调之类的杂事，用全部精力去招商。

最后，招商团队认可了这个方案，对领导提出的业绩要求也充满信心。

用团队任务进度图表示上述案例，主线就是专门负责协调位置的工作，主线进度越快表示商厦位置“售出”的速度越快。

从起点O到终点A，以及各阶段目标点，都是招商位置协调结果的关键点，各要素是具体招商工作。

不难分析出这样的结论，在专业咨询公司介入之前，主线的工作是没有的，每位招商人员都负责协调属于自己的客户“想要的位置”。专业咨询公司介入之后，团队分工、协作方式发生改变，主线工作是协调“商厦的空间位置”，其余业务人员把客户需求信息汇集于主线即可。改变之后，团队效能明显增强，最终完成了领导要求的业绩提升25%的要求。

第3章 / CHAPTER THREE
团队执行力

第1节

沟通效果关乎执行力

本书观点认为，团队效能是企业文化力量的核心模块。从狭义角度讲，团队效能可理解为团队绩效，即规定时间内对团队任务完成的程度。时间、质量、成本、结果是衡量团队绩效水平的核心指标。这其中，执行力的强弱直接关乎最终绩效，而执行的关键又在于沟通，只有上下级通过积极有效的沟通，使工作任务和目标得到团队成员的理解与认同，执行力才会提升。此观点与之前论述的人的精神需求相关内容是一致的。目标被认同意味着人有了实现自我价值的前进动力。

提到沟通效果，就不得不先提起“沟通”的起源。沟通必然会有信息的发送者和信息的接收者（如图23所示）。

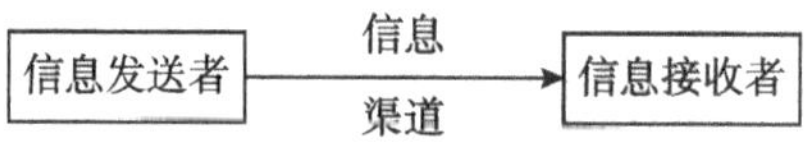

图23　商农–威佛传播理论模型（1949）

有了信息发送者（甲方）与信息接收者（乙方），甲乙双方完成了单向沟通，但单向沟通不一定属于有效沟通。有效沟通一定是乙方能够正确理解甲方发送的信息的要义，并做出正确处理。通常来讲，有效沟通同时伴随着双方情感的递进。

图23中，乙方是否能够正确理解甲方发送的信息的要义取决于多重因素，这些因素包括双方的心灵契合度、资历背景差异等。由此看来，作为信息接收者的乙方在处理信息之前向信息发送者甲方进行必要的反馈很重要，有效的反馈可以使双方对待处理信息达成一致。于是，在图23的基础之上，第佛洛提出了修正模型（如图24所示）。

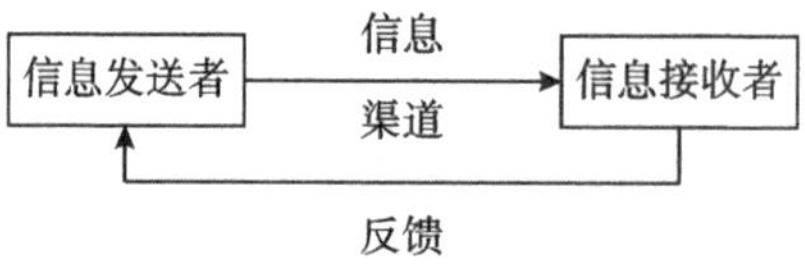

图24　第佛洛的修正模型

“反馈”可以让双方对需要处理的信息达成一致，避免理解偏差，降低内耗。

同样的道理，本篇中团队任务进度图中“方案制定”环节一般存在初步方案被主管领导反馈并提出意见的关键流程，到了“方案落实”阶段是执行上下级共同确认好的计划。

现实中，在沟通中出现的理解偏差造成执行力低下的案例数不胜数，所以必要的反馈或下级向上级及时的请示是至关重要的。说到底，还是文化建设的问题。在良好的工作氛围中，团队成员因为认同相同的价值观，必然心理融合度高，甚至达到心灵契合的程度，每个成员通过一个眼神或一个肢体动作或许就能正确理解领导或同事的真实意思。

此外，团队执行力的强弱与组织领导体制、办事流程的合理性、员工综合素质等诸多因素相关，此处不再赘述。但必须强调一下执行力方面经常出现的问题，人们通常听到这样的口头禅，“还行”“差不多了”“还凑合”，事实上这些口头禅都是执行力出现偏差的反映。无论做什么事情，只要有客观标准，就应该不打折扣地执行，事情一次做不好或达不到标准，应不断分析、总结和改进、测量，而不是出现以上口头禅。无数“豆腐渣工程”等现实中的案例都是执行力未达到标准产生的恶果。

军队文化最典型的特征就是执行力强、纪律性强。我国很多著名的企业家是军人出身已经成为家喻户晓的事情了。万事具有相通性，美国最优秀的企业家当中大部分也不是来自哈佛商学院，而是来自西点军校。

第2节

九型人格与团队组建

与不同心理特征的人沟通需要采用不同的沟通技巧。管理学界经常提到的九型人格理论是很重要的，它可以帮助人们认清人性的共性和个性，并最终充分利用，服务于人力资源战略。

1.关于九型人格

九型人格依次为完美型、助人型、成就型、感觉型、思想型、忠诚型、活跃型、领袖型、和平型。

完美型人物做事情总会以高标准严格要求自己，同时他们也希望别人不断进步。在工作岗位，他们常常给别人以认真、用心的印象。与完美型人物沟通时应多多赞美对方，尤其要赞美他们的观点如何合理，即使有不同意见，也要先赞美合理之处，然后抓住机会提出不同的观点。

助人型人物注重别人的感受，愿意主动帮助别人，他们经常面带微笑。上下级沟通中，如果下级是助人型员工，上级可以放心地合理安排任务。他们不仅会以认真的态度完成工作，还会逐渐揣摩上级的做事风格，很快与上级形成心灵契合。

成就型人物做事风格果断，不喜欢拖泥带水。与成就型人物沟通要注重沟通的要点，直接切入主题。团队合作中，下级要注意配合好他们的要求；上级可以向他们适当授权，让他们发挥自身长处为组织奉献价值。

感觉型人物情绪起伏较大，他们可以凭借自身独特的感受来调动智慧并激发创造源泉。与感觉型人物沟通要多赞美他们的工作业绩，并且关注他们的细节，给予鼓励。

思想型人物情绪稳定，他们思维缜密、逻辑清晰，擅长理性思维。因此，与思想型人物沟通应持客观、理性的态度。

忠诚型人物经常用逻辑性较强的语言谈话，因此与该类型人物沟通时不要用猜疑或模棱两可的语言，否则只会拉开双方的心灵距离。

活跃型人物外向、活泼，能为周围人创造欢快、娱乐的氛围，与活跃型人物沟通时话语不必过于拘谨、严肃，很多时候配合好他们就会感受到群体的快乐。

领袖型人物有很强的控制愿望，他们一般采用直截了当的方式沟通，直接切入正题和严肃的话题。所以，你可以不喜欢领袖型员工，但你必须尊重他们。领导对于他们要合理授权，必要时限制他们的权力。

和平型人物谈话不具有攻击性，甚至经常愿意向对方妥协，而且话语柔和。但他们很多时候外表虽柔和，内心却刚硬。与该类型人物沟通时，多采用建议式语言而不是命令的态度。

九型人格理论认为九种性格特征是天生的，但与家庭环境、童年经历、教育因素等有关。无论与哪种性格类型的人沟通，打开对方的“心房”才是目的，有了心灵共鸣，也就有了情感和心理契约。此外，做好倾听是沟通的前提，倾听要及时给对方肢体语言的回馈，暗示对方自己已经领悟要义。

2.团队组建与效能感提升

团队合理组建是提升团队效能的前提。提到团队组建，人们公认的经典案例是《西游记》中的取经团队。唐僧有坚定的信念，孙悟空有人脉和技能，猪八戒心理素质好，沙和尚服从团队安排。不同性格特征的成员形成互补，直至完成任务。曾经有一道知名企业的面试题，问取经路上的妖怪多不多，很多面试者都回答说："多，毕竟九九八十一难！"但这并不是最佳答案，有一位优秀应聘者回答道："妖怪多不多，看由谁来看，唐僧肉眼凡胎，在他眼里没有什么妖怪，而孙悟空火眼金睛，无论多少妖怪都能识别，在悟空看来，妖怪有很多。"最后，这位应聘者被当场录用。

团队中的成员职务高低不同，所需要的技能是不同的。唐僧的高度需要概念性技能，业务骨干孙悟空的角色，必须有处理业务所需要的分析、判断能力，沙和尚的角色则需要紧密配合业务骨干。

团队组建中，要依据上述九型人格理论，合理搭配人才，让团队默契尽快形成。文化力属于软实力，团队效能是企业文化力量的核心模块。所谓"效能感"，是一种自信，更是一股精神力量！只有人员搭配合理，全体成员"效能感"才会逐渐增强，团队执行力才会稳步提高！

3 第节

团队激励

人在受到激励后潜能会被激发。激励是组织依据成员需要，科学合理地设置外部诱因，激发成员动机，调动其积极性和创造力。

同样以《西游记》中的取经团队为例，猪八戒需要生理需求激励，白龙马需要归属感激励，唐僧需要成就激励，孙悟空虽不是团队领导，但他需要最高级别的自我价值实现激励。

团队激励比个体激励更重要，个体是团队中的一员，服务于团队目标。以猪八戒为例，如果过于强调个体激励，他会主张解散团队，返回家乡。只有做好团队的整体激励，团队成员之间才会技能互补，互相帮助。当孙悟空被红孩儿的三昧真火烧伤时，正是猪八戒奋勇向前救了孙悟空的性命，这正是因为其受到团队激励的影响。

再次强调一遍的重要内容是，团队需要成就感传递，这有利于激活个体与提升整体效能。

第4章 / CHAPTER FOUR

企业文化与企业持续发展

第1节

企业文化与企业战略

企业文化作为企业宝贵的无形资产，已经毫无争议地成为企业在市场竞争中获胜的载体。由于我国的市场经济秩序还处于加快完善过程之中，不少企业还处于探索期和品牌创立期，经营者为了生存之需要往往把精力放在盲目开拓市场或成本控制上，但这些措施往往只是权宜之计，无法带动企业长期、持续发展。当今，社会文化渗透于生活中的各个领域，百花齐放、百家争鸣的文化现象层出不穷。企业文化作为社会文化的一个亚文化，绝不是空喊口号，而是基于人性心理规律的一件“完美艺术”。只有当消费者在消费文化时产生欲望，企业的品牌才能不断增值。因此，企业的文化力将成为未来企业重要的核心竞争力，企业文化建设是企业常青树生长的必要保证。

企业文化与战略是相辅相成的，文化不仅是战略实现的手段，还能以先导功能给予企业创新力，激发人们在思想观念、经营理念上不断探索和创新，形成企业持续发展的不竭动力。

前述的A职业教育集团案例是一个典型的“绩效导向”文化案例，诠释了文化服务于战略的必要性。创业初期，出于生存的需要，考核管理者的绩效主要体现在“招生数量”上。只有招到学员，才会拥有现金流，企业才能生存。经过近十年的发展，在职教集团形成规模之后，绩效考核的核心由“招生工作”转为“就业工作”。此时，A职业教育集团领导更关注企业在未来的持续发展。董事会已经意识到只有学员就业质量好才能以此为宣传内容促进招生。“绩效导向”决定了单位全体成员都在踏踏实实地为学生就业而做实事。这其中，有教学模式创新的讲师，也有为学生结业前“顶岗实习”而努力开拓合作单位的就业老师。

文化以先导功能给予企业创新力体现在A职业教育集团上也比较明显。教学方式不断创新，激发学生从传统学习方式转为“用目标自我驱动”。与此同时，鉴于职业素养课程对于就业的重要性，A职业教育集团还自主设计了针对初次就业人员心理特点的职业素质课程。

第2节

典型案例及启示（一）：西安杨森的文化管理

西安杨森制药有限公司（以下简称西安杨森）是目前我国医药工业规模最大、品种最多、剂型最全的先进技术型合资企业之一。合资中方为陕西省医药工业公司、陕西省汉江制药厂、中国医药工业公司和中国医药对外贸易总公司，以陕西省医药工业公司为代表；外方为美国强生公司的成员比利时杨森制药有限公司。

以下详细介绍西安杨森的文化特色。

1. 严格管理，注重激励

合资企业的工人和中层管理人员是由几家中方合资单位提供的，起初，他们的管理意识涣散，不适应严格的生产要求。有鉴于此，合资企业在管理上严格遵循杨森公司的标准，制定了严格的劳动纪律，使员工逐步适应新的管理模式，形成对企业和社会的责任感。

优厚的待遇是西安杨森吸引和招聘人才的重要手段，而不断丰富的工作意义，增加工作的挑战性和成功的机会则是公司善于使用人才的关键所在。在创建初期，公司主要依靠销售代表的个人能力，对员工采用的是个人激励。他们从“人员—职位—组织”匹配的原则出发，选用那些具有冒险精神、勇于探索又认同企业哲学、对企业负责的人作为销售代表。此时，西安杨森大力宣传以“鹰”为代表形象的企业文化，他们自己这样解释：“鹰是强壮的，鹰是果断的，鹰是敢于向山巅和天空挑战的，总是敢于伸出自己的颈项独立作战。在我们的队伍中，鼓励出头鸟，并且不仅要做出头鸟，还要做搏击长空的雄鹰。作为企业，我们要成为全世界优秀公司中的雄鹰。”

此外，鼓励出头鸟并不等于鼓励“一意孤行”，团队建设与团队精神永远是重要的，个体不能脱离团队。

2. 注重团队建设

在培养“销售雄鹰”的同时，他们还特别注重员工队伍的团队精神建设。在1996年底的销售会议中，他们集中讨论了“雁的启示”。

“……每只雁展翅高飞时，也为后面的队友提供了向上之风；组成V字队形，可以增加雁群71%的飞行范围。”

启示：分享团队默契的人，能互相帮助，更轻松地到达目的地，因为他们在彼此信任的基础上，携手前进。

“当某只雁离队时，它立即感到孤独飞行的困难和阻力，它会立即飞回队伍，善用前面同伴提供的向上之风继续前进。”

启示：我们应该像大雁一样具有团队意识，在队伍中跟着带队者，与团队同奔目的地。

大力进行企业文化建设之后，员工的素质得到了不断的提高，对公司产生了深厚的感情，工作开展得更为顺利。特别明显的是，在20世纪80年代后期困扰公司的员工稳定问题得到了很好的解决。当时由于观念的原因，许多人到西安杨森工作仅仅是为了获得高收入，当自己的愿望得不到满足时就产生不满，人员流动性曾连续几年高达60%。如今，西安杨森已使员工深深地认同公司，喜爱公司的环境和精神，1996年和1997年人员流动率下降到6%~10%。

案例启示

西安杨森的企业文化中，充满人情味的工作环境是特色文化之一，人有了情感归属，工作动力就会增强。在选人方面，他们从“人员—职位—组织”相匹配的原则出发，严格履行选人标准；人才选好以后，注重团队建设，提倡团队成员像大雁一样，具备团队意识。西安杨森在宣传以“鹰”为代表形象的企业文化的同时，又指出鼓励出头鸟并不等于鼓励“一意孤行”，团队建设与团队精神永远是重要的，个体不能脱离团队。

当前，国家已进入“十四五”新发展阶段，西安杨森始终不忘初心、持续创新、服务于全社会。2020年，在新冠疫情的背景下，西安杨森总裁安思嘉（Asgar Rangoonwala）带领公司开始了在互联网医疗领域的新尝试：在西安与当地最大的三甲医院——西安交通大学第一附属医院签署合作备忘录，共同探索以患者为中心的互联网医院新模式。安思嘉表示，他们希望能够跟中国医疗行业的各方一起构筑医药健康行业的新生态。

第3节

典型案例及启示（二）：通用电气的情感管理

美国通用电气公司（General Electric Company，以下简称通用电气），是世界上最大的提供技术和服务业务的跨国公司，总部位于美国波士顿。通用电气自创建以来，在多元化发展当中逐步成长为出色的跨国公司，业务遍及世界上100多个国家。通用电气前总裁韦尔奇被公认为杰出CEO、领袖，他的有关人的情感潜能等的诸多观点至今值得我们学习和研究。

通用电气努力培养全体职工的“大家庭感情”，以此形成一种独特的企业文化，公司领导和职工都要对该企业特有的文化身体力行，爱厂如家。公司的各级领导都实行“门户开放”政策，欢迎本厂职工随时进入他们的办公室反映情况。

公司的最高领导与全体职工每年至少举办一次生动活泼的“自由讨论”活动。通用电气像一个和睦、奋进的大家庭，所有成员沟通时直呼姓名，无尊卑之分，互相尊重，彼此信赖，人与人之间关系融洽。

2021年11月，通用电气宣布，公司旗下航空制造、医疗和能源业务将拆分成三家上市公司。

在通用电气发展的一百多年的历史当中，激动人心的事情数不胜数，并且每一件事情都把通用电气引领向更加成功。20世纪80年代初，通用电气将自己臃肿的350个业务部门精简为10个核心业务部门，使其成为行业中的龙头。通用电气的文化拥有为人们津津乐道的“群策群力”“速度”“无边界”“横向学习”等概念和方法。

通用电气还有一整套的考核和激励员工的方法，员工可以参加360度评估，让上司、同事、下属和客户从不同角度对自己进行评估，以此更加了解如何提升自己。

一个真实事件发生在1990年2月，通用电气的机械工程师伯涅特在领工资时，发现少了30美元，这是他一次加班应得的加班费。为此，他找到顶头上司，而上司却无能为力，于是他便给公司总裁斯通写信，“我们总是碰到令人头痛的报酬问题，这已使一大批优秀人才感到失望了。”领导立即责成最高管理部门妥善处理此事。

三天之后，他们补发了伯涅特的工资，事情似乎可以结束了，但他们利用这件为职工补发工资的小事做了很多。第一，向伯涅特道歉；第二，在这件事情的推动下，了解那些“优秀人才”待遇较低的问题，调整了工资政策，提高了机械工程师的加班费；第三，向著名的《华尔街日报》披露这一事件的全过程，在美国企业界引起了不小轰动。

事情虽小，却能反映出通用电气的“大家庭观念”，反映了员工与公司之间的充分信任。

日常生活和工作中，人际关系上常常也有“马太效应”的影子，人们总是密者密上加亲，疏者疏而愈远。通用电气前总裁斯通却主张人与人之间应保持适度的距离。

斯通率先示范“适度距离”的做法，密者疏之，疏者密之。斯通自知与公司高层管理人员工作上接触较多，在业余时间就有意与他们拉开距离，从不邀请他们到家做客，也从不接受他们的邀请。相反，对普通工人、出纳员和推销员，他有意亲近，微笑问候，甚至偶尔“家访”。

关于斯通，还有一个故事。有一天，在美国旧金山一家医院的一间隔离病房外面，一位身体硬朗、步履生风、声若洪钟的老人，正在与护士死磨硬缠地要探望一名因痢疾住院治疗的女士。但是，护士却严守规章制度，不允许探望。

护士怎么也不会想到，这位衣着朴素的老者，竟是通用电气总裁，曾被世界电气业权威杂志——美国《电信》月刊选为“世界最佳经营家”的斯通先生。

护士也根本无从知晓，斯通探望的女士，并非他的家人，而是加利福尼亚州销售员哈桑的妻子。哈桑之后知道了这件事，感激不已，每天工作达16小时，为的是以此报答斯通的关怀，加州的销售业绩一度在全美各地区评比中名列前茅。

正是这种适度距离的管理，使得通用电气的事业蒸蒸日上。

通用电气像美国其他一些公司一样，从经理到基层领导人员，压力很大，已有不少采用“静默沉思法”来消除神经紧张所造成的不安。

以前，通用电气也普遍采用节食和体育锻炼计划来消除工作人员的情绪病，虽长期执行，但收效甚微。许多人因紧张心理造成的血压升高、压抑感很重和易怒等现象并未得到解决。

哈佛大学心理和体育治疗研究所推广“静默沉思法”之后，通用电气便向雇员推荐此法，公司聘请了默思辅导员指导雇员苦练这种方法，包括瑜伽、冥想等。雇员们反映，他们已初步见到效果。

公司在推行这种方法后，心理疾病治疗费用减少27%；一些分公司经理用了这种方法后工作效率大为提高，有的分公司安排12位一天工作12～14小时的经理人员参加静默活动，工作热情普遍高涨，精神也格外饱满。

企业中的人事管理要比政府、学校等其他职能类单位的管理棘手得多，因为企业人事管理的对象在性别、年龄、学历、工种、品性等方面存在更大差异。

从1983年起，每个星期三，通用电气的基层员工可以轮流当一天厂长。“一日厂长”9点上班，先听取各部门主管汇报，对全厂营运情况有了全盘了解后，就巡视部门和车间。“一日厂长”的意见，都详细记载在工作日记上。各部门、车间的主管依据其意见，随时改进自己的工作，并在干部会上提交改进后的成果报告，获得认可后方能结案。

这项管理制度实行以来，成效显著。第一年施行后，节约生产成本就达200万美元，并将节约额的提成部分作为员工们的奖金发给大家，全厂上下皆大欢喜。通用电气的日本子公司还实行一种特殊的“无章管理”，也是感情化管理，最大限度地缓解公司内部人际间的紧张关系，增强员工之间的信任、上下级之间的信任及员工对企业的信任。该公司近几年实行“无章管理”以后，年销售额在通用电气的所有海外子公司中独占鳌头。

案例启示

虽然2008年美国次贷危机之后，通用电气开始走下坡路，但这不影响其韦尔奇时代的辉煌。

作为史上杰出CEO，杰克·韦尔奇坚信人的情感会激发人的潜能并产生强大效能。实践证明，韦尔奇的情感潜能的观点是正确的。在选人方面，通用电气严格选拔和聘用管理者。在合作机制方面，团队合作充满活力。在这里，结合本书内容提炼出至关重要的三方面管理智慧。

1.关于精神需求与人的潜能开发

韦尔奇认为，原先的科学管理回避企业中人的情感问题，而人总是伴随着情感工作的。公司员工心往一处想，企业才有生命力；只有大家多开展头脑风暴，更好的智慧才能被挖掘出来。如果员工心和脑的潜能都用在企业发展上，人人为企业的未来出谋划策，为战略实现添砖加瓦，企业的发展会势不可当。

2.选人的关键性

聘用和选拔管理者是企业较难处理的问题，但同时是重要的问题。韦尔奇认为，平衡企业的眼前利益和长远利益需要高超的艺术。在实践中，选拔人才的科学方法是最重要的。

3.营造充满活力的工作氛围

韦尔奇认为，管理的关键并非寻找有效控制员工的方法，而是营造可以快速适应市场动态和团队合作的文化机制，并向员工合理授权，让员工自动自发地为企业整体利益着想。

最后要说明的是，韦尔奇时代之后通用电气的衰落与其未能在文化价值观上做出积极、有效的变革以及过度多元化战略等有密切关系。

第5章 / CHAPTER FIVE

企业文化与社会文化

作为社会文化的子系统，企业文化核心价值观与社会主流价值观应保持一致。例如，日本企业大多突出“忠诚”价值观以符合该国武士道精神；美国企业提倡的“创新”理念与西方国家追求自由的精神相吻合。我国传统文化对企业文化的影响不容忽视，中华民族的集体主义精神对企业文化凝聚力、导向性形成起到重要作用。儒家文化的中庸思想影响了无数优秀企业家；法家、墨家的法治思想对“组织内部无论职位高低，规则面前人人平等”的理念落地起到推动作用。

此外，企业发展壮大后，不能只顾追求利润最大化而忽视社会效益。企业应该承担更多的社会责任，以更好地构建和谐社会。

企业精神文化中，企业使命是企业存在的目的和理由，更是企业实现远景目标必须承担的责任和义务。这其中，企业家应当不同于普通商人，要带着使命感实现自身社会价值。

在中国众多企业家之中，曹德旺（福耀集团创始人）对社会的贡献有目共睹；王健林也是一位慈善家，不仅他本人支持慈善事业，万达集团员工在签订或续签劳动合同时都被要求在合同履行期间每年至少做一次义工，否则不予录用（内容来自《万达哲学》，中信出版社）；西安杨森制药有限公司高度重视爱国主义教育，作为美国强生公司子公司，西安杨森前美籍总裁罗健瑞说："我们要使员工具备吃苦耐劳的精神，使我们的企业更有凝聚力。因为很难想象，一个不爱祖国的人怎能热爱公司？而且我也爱中国！"

这样的案例太多太多，追求经济效益与社会效益统一是企业持续发展的必然要求，更是企业使命所在。企业家不能与普通商人画等号，见利忘义绝不应是企业家的所作所为。

延伸阅读

企业家精神

什么是企业家精神？综合归纳有如下几方面内容。

创新是企业家精神的灵魂；冒险是企业家精神的天性；合作是企业家精神的精华；敬业是企业家精神的动力；学习是企业家精神的关键；执着是企业家精神的本色；诚信是企业家精神的基石。

我觉得以上这些更应该算是企业家的基本素质，一个真正的企业家，仅仅具备上述素质是不够的，更重要的是他应该具有对社会的使命感与责任感，这也是企业家精神最为关键的和不能替代的。

企业家绝不是一台仅仅会赚钱的机器，更不能被单一的逐利牵着鼻子走。他一定要有自己的理想，立足于有益于社会的理想。

——摘自司马一民《企业家要有使命感和责任感》

最后，引用一句经典的话："企业要承担社会责任，企业家身上要流淌着道德的血液。"

SUMMARY

本篇总结

纵观人类发展历史，原始社会的“群居”等行为可理解为最早的团队行为。团队行为产生的力量大于个体力量叠加。企业文化凝聚力、目标导向等重要功能在团队中得以表现。

团队与团队管理

团队是以领导为核心，由员工和管理层构成的共同体，有明确的分工、协作并能合理利用每位成员的知识、技能，采用成员之间相互协同等一系列方法、手段，直至实现团队目标。一般而言，团队是有目标的，团队与群体的本质区别在于是否有明确的目标。

团队的一个关键特征是协同。所谓协同，指协调不同的资源，同步一致地完成某一目标的过程或能力。协同按类型可划分为人与人的协同、人与物的协同等。除协同外，团队有授权、制度、流程、监督、考核等特征。

除此之外，本篇还论述了关于团队执行力、团队激励以及借助于微信工具管理团队的相关内容。

提升团队效能

团队效能是团队及其成员相信自己团队能够获得成功的信念所引发的激励团队成员在工作中付出更大努力的作用。有过成功经验的团队能提高对未来再次获得成功的信念。团队成员的能力越强，团队及其成员产生团队效能并利用这种效能的可能性越高。

因此，作为软实力，团队效能是企业文化力量的“核心模块”。

从狭义角度讲，团队效能一般指规定时间内团队生产力水平，一般用时间、质量、结果、成本四个指标衡量。我们可以借助思维导图软件或鱼骨图模型找到团队任务的关键点及构成每一阶段目标的要素，列出工作计划并寻找最佳实践方案。

企业文化与企业持续发展

优秀的文化是战略目标实现的手段，优秀的文化也可以引领战略。

本书引用西安杨森制药有限责任公司、美国通用电气公司（GE）两个案例的背景资料深刻阐述企业文化与战略之间存在的相辅相成关系。

案例强调的“情感因素”或“大家庭理念”与本书上篇和中篇内容观点一致。在团队建设及团队意识形成中，西安杨森得出以下启示：分享团队默契的人，能互相帮助，更轻松地到达目的地，因为他们在彼此信任的基础上，携手前进。由此得出结论，全体员工应该像大雁一样具有团队意识，在队伍中跟着带队者，与团队同奔目的地。每个人愿意接受他人的帮助，也愿意帮助他人。通用电气CEO杰克·韦尔奇（任期1981.4—

2001.9）认为，管理的关键并非找出更好的控制员工的方法，而是营造可以快速适应市场动态和团队合作的文化机制，给员工更多的权力与责任，让员工与管理者实现互动。

FINAL THINKING

最后的思考

数轴上的每一个点代表一个实数，实数包括有理数与无理数：有理数中常见的有整数，如1、2、3；无理数是无限不循环小数，如$\sqrt{2}=1.4142135623731\cdots$。

由此可见，无理数与很多有理数在数字形态上差异很大，但是无论是无理数还是有理数，它们在数轴上的“地位”是完全相同的，都不过是一个普通的点。

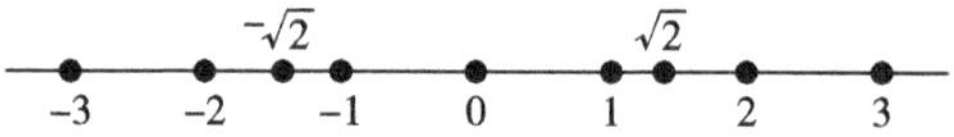

图25　数轴示例

思考：“数字形态不同，数轴上的‘地位’却相同”这个现象与本书全部内容有哪些共通之处？

REFERENCES
参考文献

【1】Freeman C. The econcmics of industrial innovation[M]. Cambridge:The MIT Press,1982.

【2】Schein E H. The corporate culture survival guide: sense and nonsense about culture change [M]. San Francisco: Jossery-Bass Publisher, 1999.

【3】Amason A C, Sapienza H J. The effects of top management team size and interaction norms on cognitive and affective conflict [J]. Journal of Management,1997.

【4】Avolio B J. Full leadership development:Building the vital forces in organizations [M].New York: Sage,1999.

【5】Chen G, Tjosvold D. Conflict management and team effective in China: the mediating role of justice [J].Asia Pacific Journal of Management,2002.

【6】Drucker P F. The coming of the new organization [J]. Harvard Business Review,1988.

【7】Hackman J R. The design of work team [J]. Ariel,1987.

【8】Argyris C, Schon D. Organizational learning: a theory of action perspective[M].Menlo Park:Addison-Wesley,1978.

【9】Senge M P. The fifth discipline [M].New York: Doubleday,1990.

【10】Pederson J S, Sorensen J S. Organizational culture in theory[M]. Aldershot: Gower Publishing,1989.

【11】王吉鹏.企业文化建设:从文化建设到文化管理[M]. 5版. 北京:中国人民大学出版社，2017.

【12】张国梁.企业文化管理[M]. 北京：清华大学出版社，2010.

【13】陈泓冰.标杆兴国[M]. 北京：现代出版社，2011.

【14】岳晨光. AF集团企业文化建设研究[D]. 成都：西南交通大学，2011.

【15】李志畴. 绩效体系设计与管理实务[M]. 北京：清华大学出版社，2014.

【16】吴甘霖. 方法总比问题多[M]. 北京：机械工业出版社，2007.

【17】李祖滨，胡士强，陈琪. 重构绩效:用团队绩效塑造组织能力[M]. 北京：机械工业出版社，2019.

【18】代凯军. 管理案例博士评点[M]. 北京：中华工商联合出版社，2000.

【19】高山. 九型人格[M]. 北京：北京燕山出版社，2018.

【20】特伦斯 · 迪尔，艾伦 · 肯尼迪. 新企业文化[M]. 北京：中国人民大学出版社，2015.

【21】金延平. 人力资源管理[M]. 大连：东北财经大学出版社，2003.

【22】赵景华. 人力资源管理[M]. 济南：山东人民出版社，2002.

【23】姚水洪，任新钢. 现代企业人力资源管理概论[M]. 大连：大连理工大学出版社，2007.

【24】李荣，聂志柏. 中国积分制管理[M]. 武汉：长江出版社，2014.

【25】孙健敏. 组织与人力资源管理[M]. 北京：华夏出版社，2003.

【26】曹亚飞. 试论经济危机背景下企业的人力资源管理[D]. 淮南：淮南职业技术学院，2009.

【27】黄维德. 人力资源管理的内涵及其变革趋势[J]. 人才开发，2000（5）.

【28】方华，邱伟年. 人力资源管理[M]. 北京：中国对外经贸出版社，2003.

【29】陈晓萍. 跨文化管理[M]. 北京：清华大学出版社，2005.

【30】黄河涛，田利民. 企业文化学概论[M]. 北京：中国劳动社会保障出版社，2006.

【31】范微. 跨文化管理[M]. 北京：清华大学出版社，2005.

【32】李玉海. 企业文化建设实务与案例[M]. 北京：清华大学出版社，2007.

【33】罗长海，林坚. 企业文化要义[M]. 北京：清华大学出版社，2003.

【34】张德. 企业文化建设[M]. 北京：清华大学出版社，2003.

【35】安鸿章，吴江．中外合资企业文化差异：冲突与融合[J]．经济与管理研究，2001（5）．

【36】陈岩峰．管理决策与文化相关性中外比较[J]．商业时代，2006（2）．

【37】陈国权，马萌．组织学习的过程模型研究[J]．管理科学学报，2002（9）．

【38】邢以群，张大亮．企业文化建设：重塑企业精神支柱[M]．北京：机械工业出版社，2007．

【39】刘光明．企业文化[M].5版．北京：经济管理出版社，2009．

【40】彼得·圣吉．第五项修炼——学习型组织的艺术与实务[M]．上海：上海三联书店，1998．

【41】娄兵役．企业文化变革的阻力与克服[J]．乡镇经济，2001（7）．

【42】屈燕妮．中国传统文化对现代企业文化构建的影响[J]．企业经济，2008（1）．

【43】张平．高层管理团队异质性与企业绩效关系的研究[J]．管理评论，2006（5）．

【44】郑也夫．信任与社会秩序[J]．学术界，2001（5）．

【45】周珂．团队成员信任对成员创新绩效的影响研究[D]．杭州：浙江大学，2008．

【46】张小林，王重鸣．群体绩效和团队效能研究的新进展[J]．应用心理学，1997（2）．

【47】王怡然．高校创新团队信任构建及其影响绩效的机制研究[D]．天津：天津大学，2007（11）．

【48】吕晓俊，俞文钊. 团队心智模式的实证研究[J]. 心理科学，2005（7）.

【49】吕晓俊，俞文钊. 团队研究的新进展[J]. 人类工效学，2001（6）.

【50】郎淳刚，席酉民. 信任对管理团队决策过程和结果影响实证[J]. 科学学与科学技术管理，2007（5）.

【51】李思恩. 沟通力：执行的关键在于沟通[M]. 中国民族摄影艺术出版社，2008.

【52】张志学，Hempel，韩玉兰. 高技术工作团队的交互记忆系统及其效果[J]. 心理学报，2006（5）.